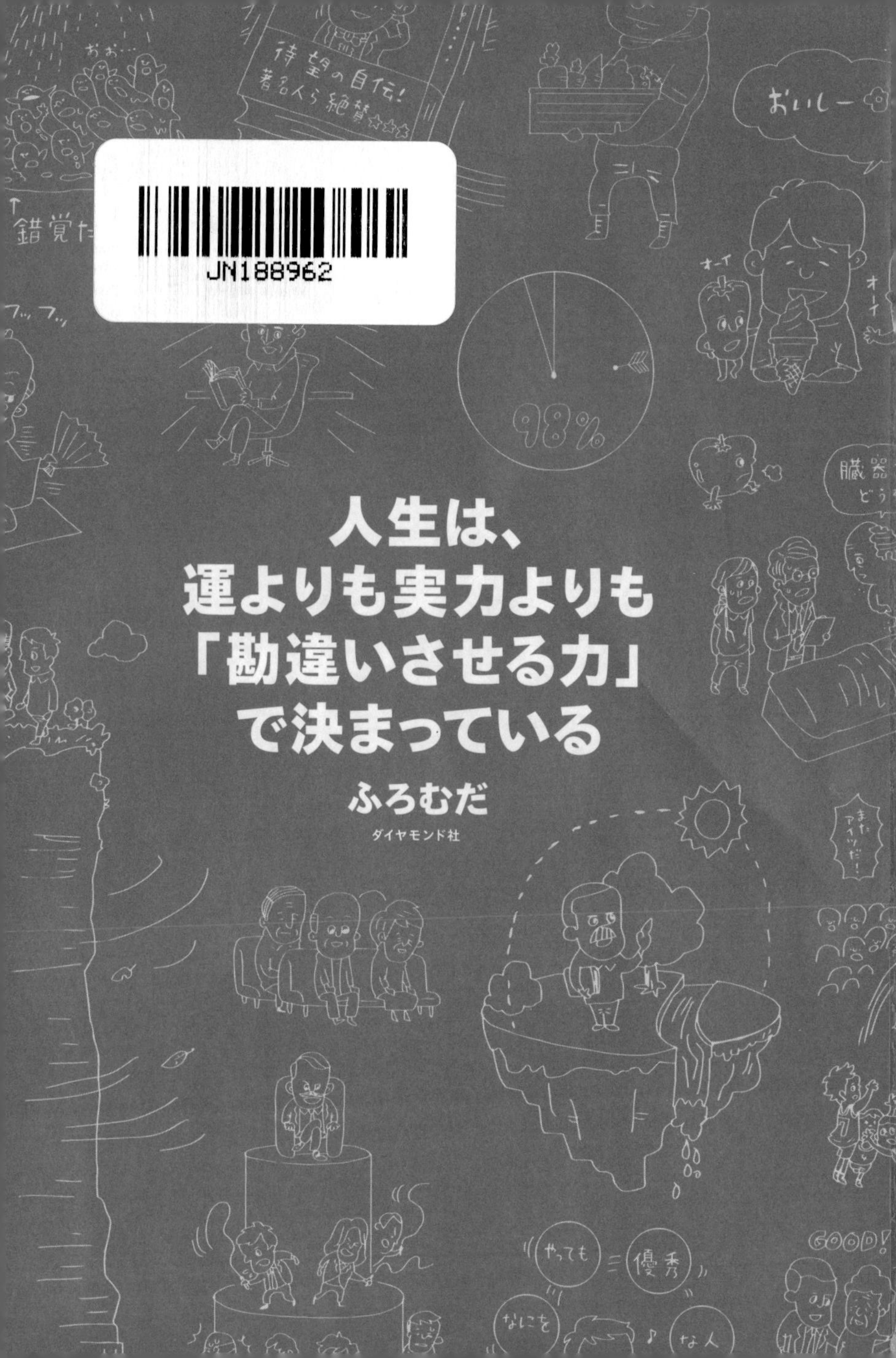

人生は、運よりも実力よりも「勘違いさせる力」で決まっている

ふろむだ

ダイヤモンド社

目次

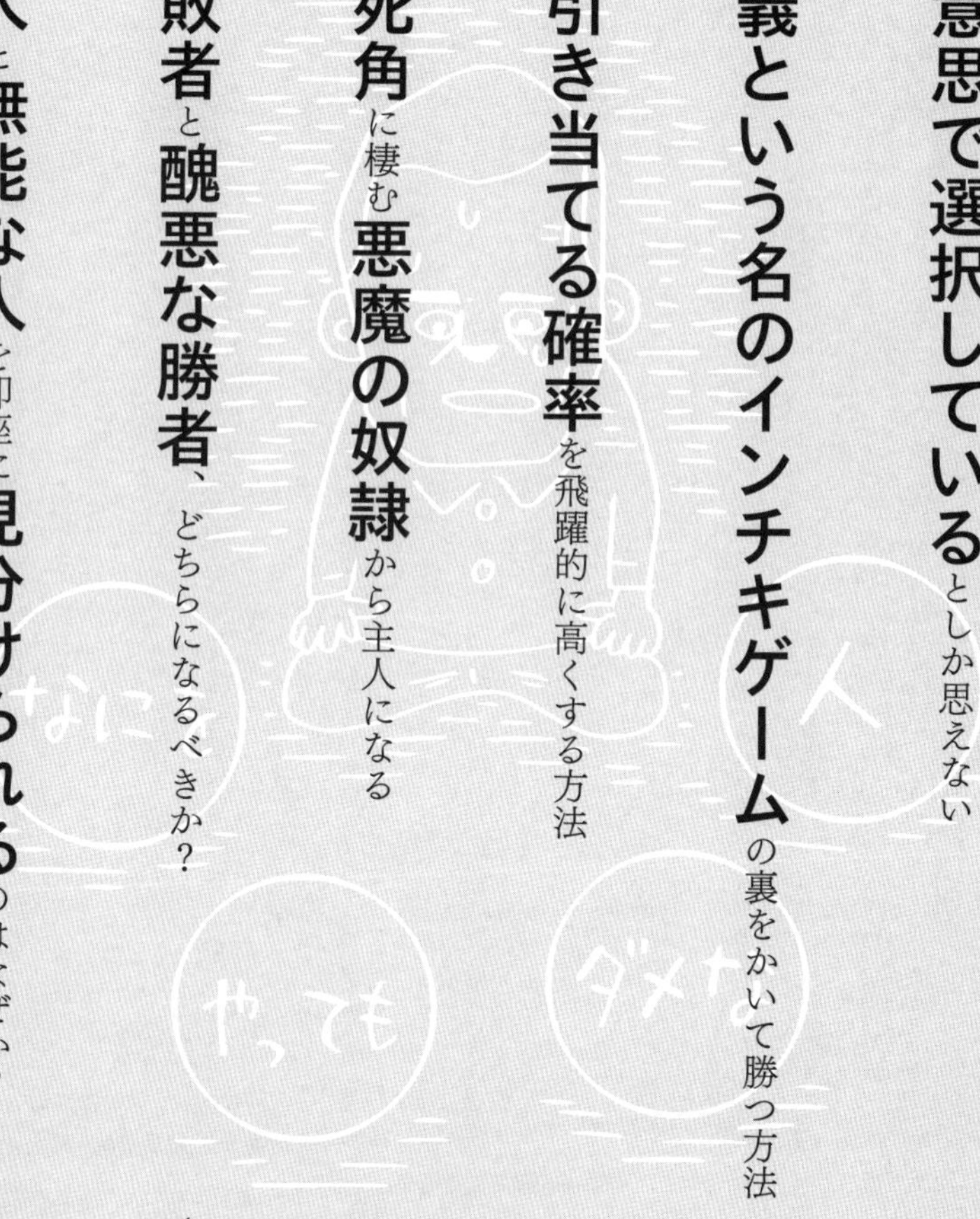

なに
やっても
ダメな
人

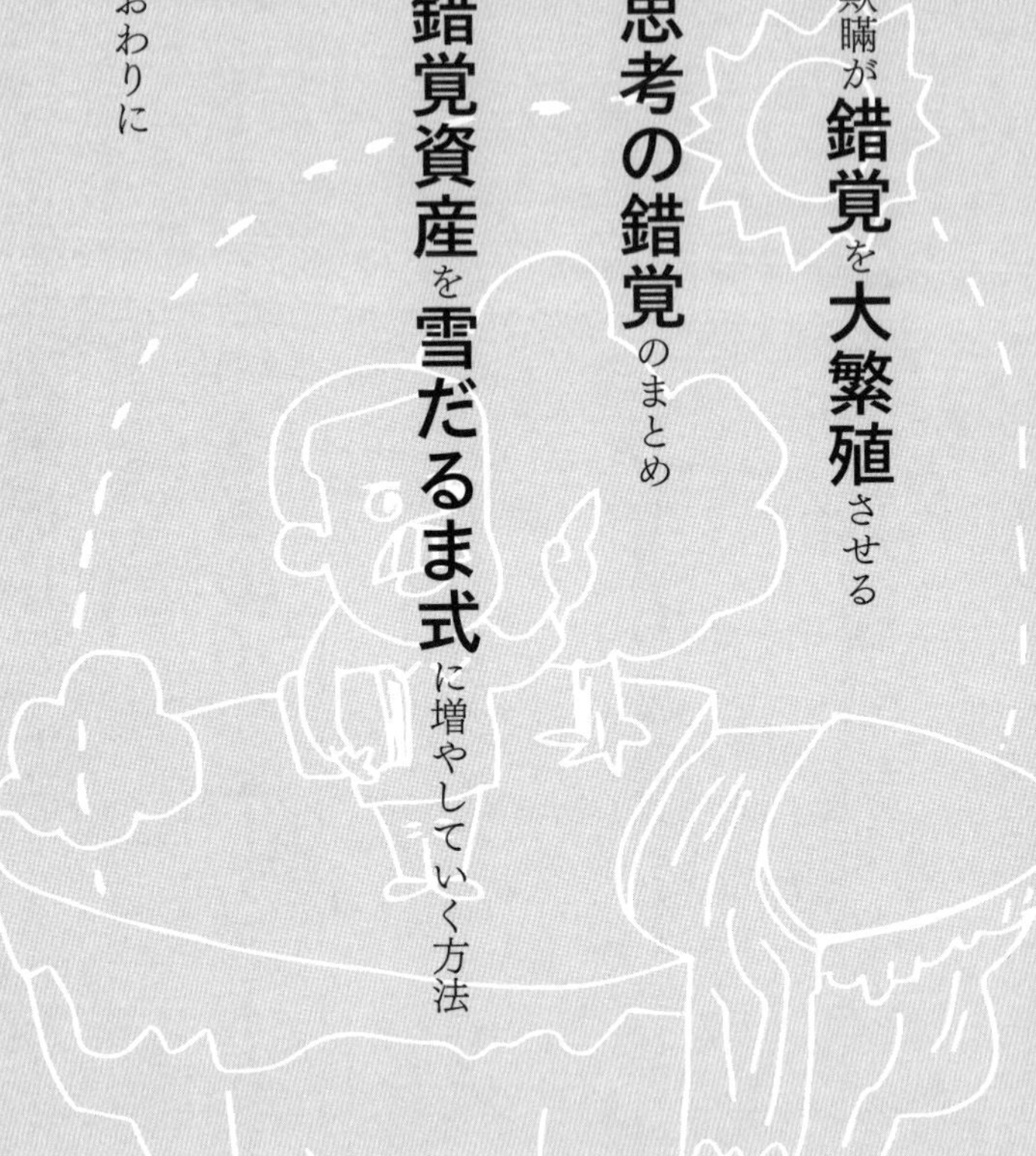

はじめに

1974年、カナダで選挙があった。

その選挙を調査したところ、イケメンの政治家は、そうでない政治家の**2・5倍**もの票を獲得していた。

イケメンたちの圧勝だったのだ。

そりゃそうだろ。どんな世界だって、美人とイケメンに人気があるのは、当たり前だよ。

いや、ここで重要なのは、「イケメンに投票した**理由**」なんだ。

調査の対象となった投票者の**73%**は、「私が彼に投票したのは、**彼がイケメンだからではない**」と思っていたのだ。

「イケメンだから、投票しちゃった部分もあるかな」と思っていたのは、**14%**にすぎない。

人々は、**「イケメンだから投票した」という自覚なしにイケメンに投票しただけでなく、「人柄が信頼できるから」**とか**「経済政策に期待できるから」**とか**「実績があるから」**とか、**容姿とは別の理由で、投票したのだと思いこんでいた**のだ。（巻末注1）

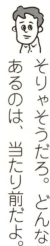

たまたまそういう結果になっただけだろ。

いや、同様の研究は、山ほどあるよ。たとえば、「採用面接で、身だしなみが、どのような影響を与えるか」という研究がある。

その結果、「仕事に必要な資格よりも、身だしなみのよさのほうが、採用決定に大きな影響を与えていた」ということがわかった。

そして、ここでも、面接官自身は、「外見は、ほとんど採用決定には影響しなかった」と考えていたのだ。

つまり、**面接官は、「外見で採用したわけじゃない」と、自分では思っていたが、実際は、外見で採用していた**ということだ。

どうしてそうなるの？

これは、図にすることはできないものだが、あえて、むりやり図にしてみる。

たとえば、次のように、容姿の優れた政治家がいたとする。

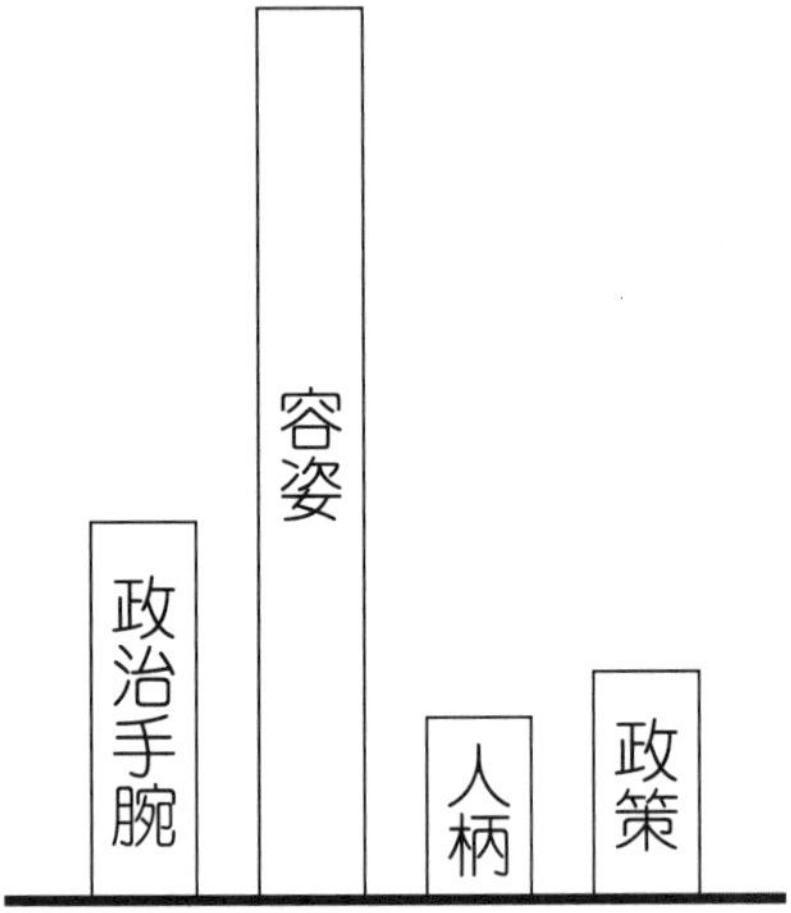

この場合、直感は、この政治家に、次のようなイメージを抱く。

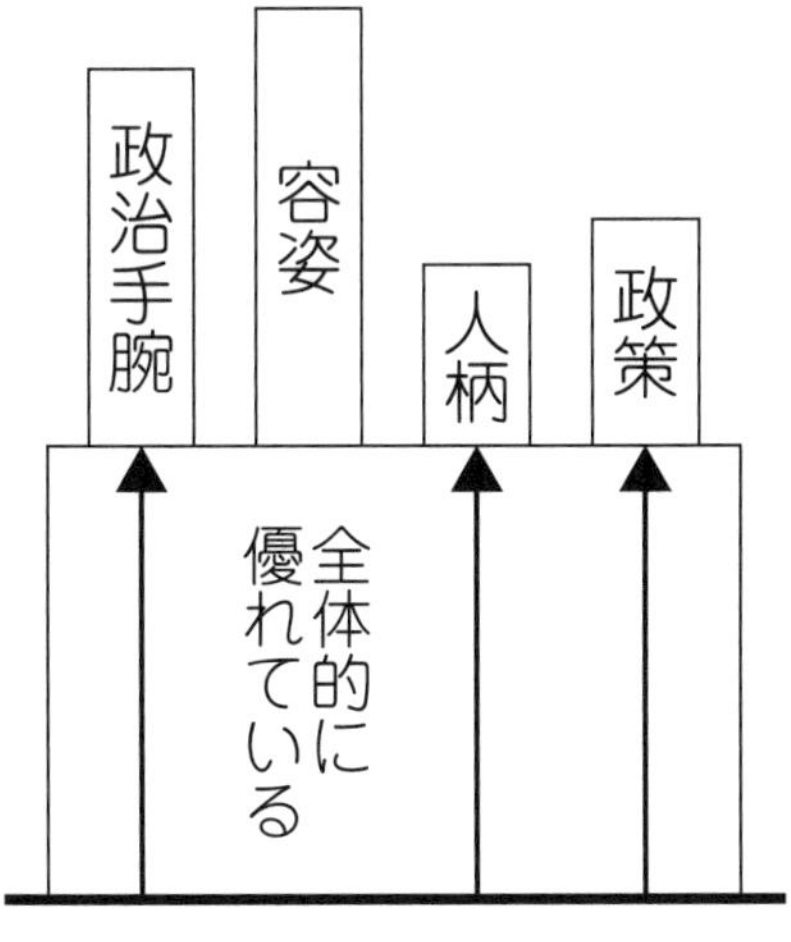

つまり、「容姿が優れている」という特徴が、漠然と「その人間が全体的に優れている」というイメージに変換されてしまう。

「全体的に優れている」という印象を持ってしまうと、その政治家の、政治手腕も、人柄も、政策も、なにもかも優れているように見えてしまうわけだ。

そして、本人は、次のように**自覚**している。

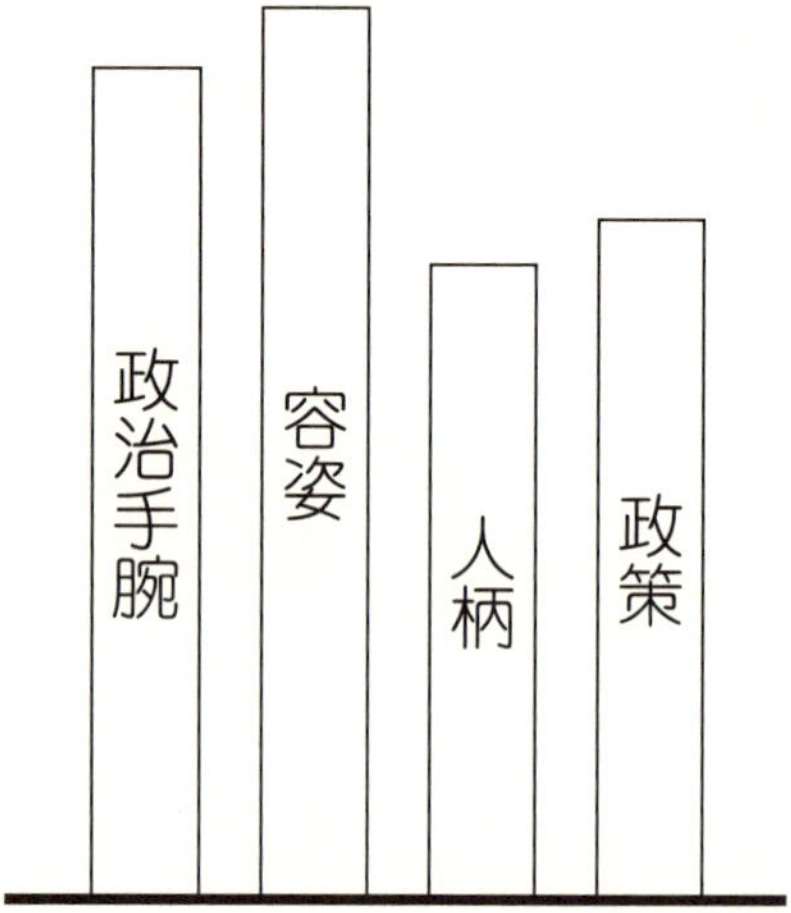

ここで重要なのは、「イケメン政治家の容姿に影響されて、イケメン政治家に投票してしまったのに、『イケメンだから投票したわけではない』と言う人」は**ウソつきでもバカでもない**ということだ。

彼らの**「意識」**は、たしかに、容姿ではなく、政治手腕・人柄・政策を見て、投票したのだ。しかし、まるで夢遊病者のように、彼らの**「無意識」**が、彼らの意識が知らないところで、政治手腕・人柄・政策の評価値を書きかえてしまっていたのだ。(巻末注2)

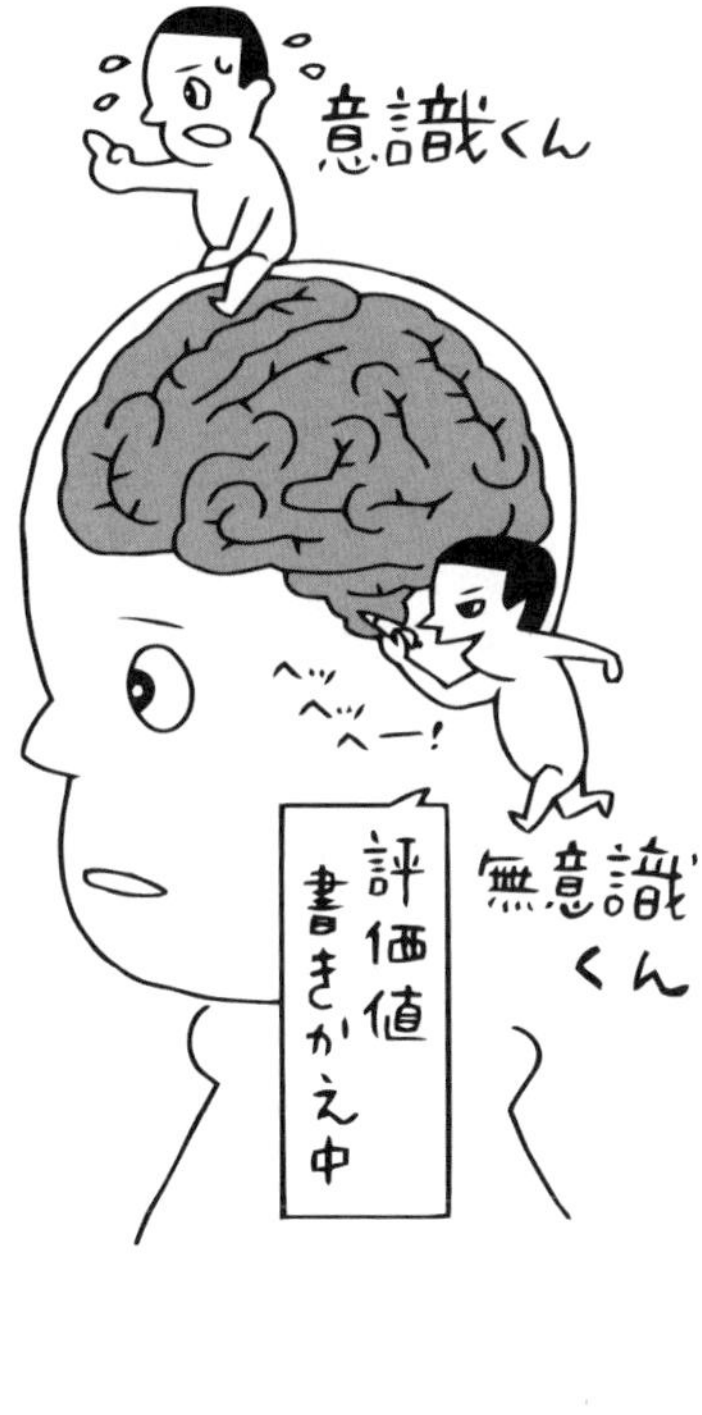

彼らの「意識」は、いわば**善意の第三者であって、ウソをついているわけではない**のだ。

また、彼らはバカだから、そんな愚かなことをしたわけじゃない。

知能が高く、有能な人であっても、自分の無意識が、自分の知らないところで、勝手に脳内の評価値を書きかえるのを、防ぐことはできないからだ。

これは、脳のセキュリティホールなのだ。

どんなに超高機能かつ超高性能のシステムであっても、セキュリティホールから侵入されたら、やられてしまう。

「自分だけは大丈夫」と思っている人ほど、危ない。

「人は見た目が9割」ってこと?

そうじゃない。

この現象は、**容姿に限った話ではない**んだ。

たとえば、２００１年、９・11テロが勃発したとき、ブッシュ大統領への支持率が急上昇した。

注目すべきは、このとき、ブッシュ大統領の**経済政策**への支持率まで、**47%**から**60%**に上昇したということだ。

つまり、こういうことだ。

まず、テロが起きる前は、こうだった。

（写真提供：ロイター＝共同）

テロが勃発したら、大統領のテロ対策の支持率が上がった。

すると、経済政策への支持率まで上がったんだ。

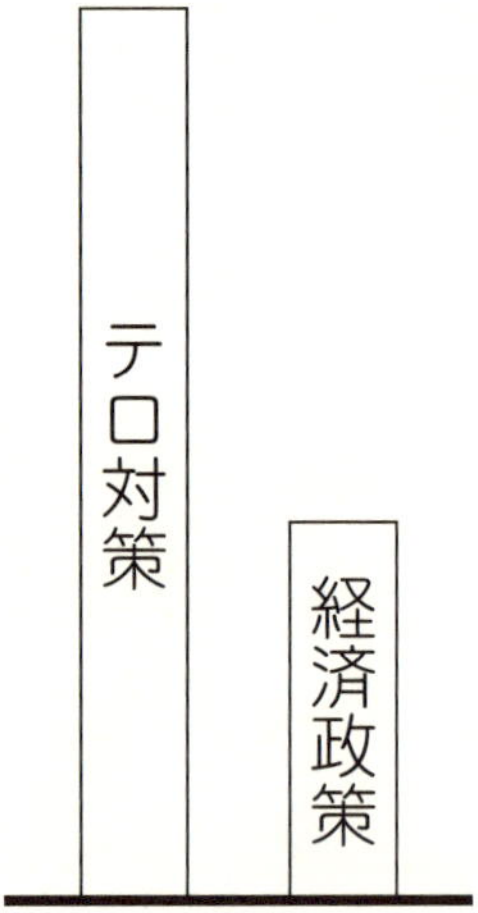

有権者の脳内で、こういうことが起きたってこと?

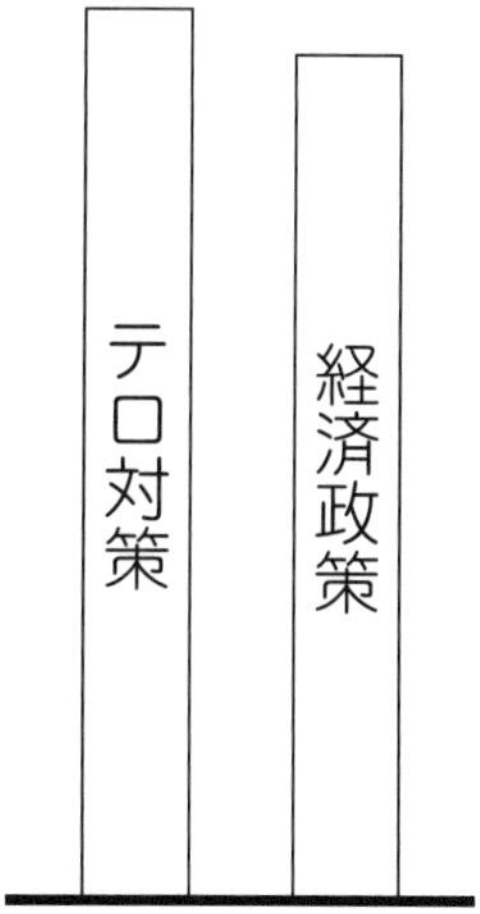

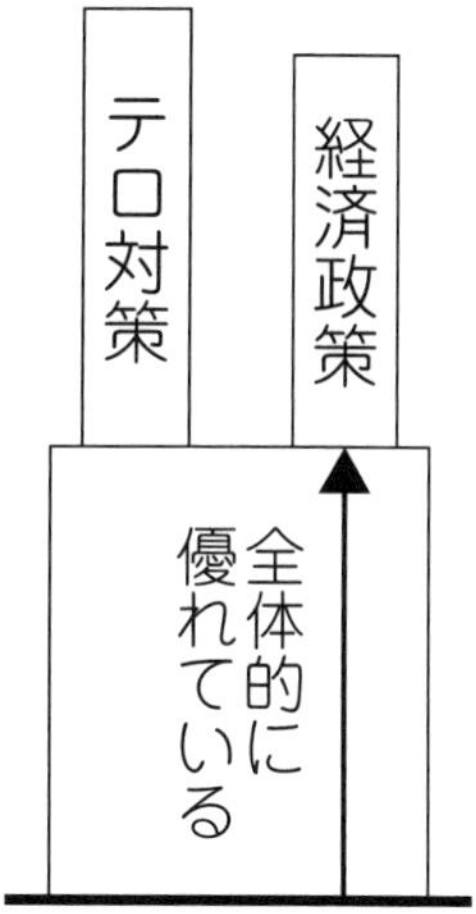

そういうこと。

これは、**「思考の錯覚」**なんだ。

「目の錯覚」の場合、自分が錯覚をしていると、わりとすぐに気がつくことができる。

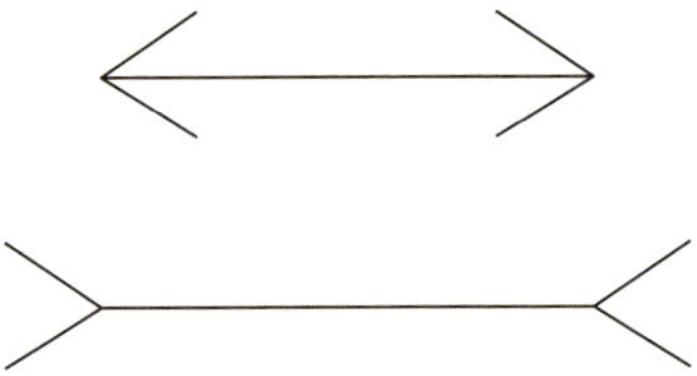

しかし、「思考の錯覚」の場合、**錯覚をしていること自体に、本人は、ほぼ**

気づけないのだ。

この世界は、思考の錯覚に満ち溢れている。
なぜなら、「プラスのイメージを引き起こすもの」であれば、
なんでも「全体的に優秀」という思考の錯覚を引き起こしてしまうからだ。

たとえば、

「売り上げを半期で73％増やしました」

「ＤＡＵ５００万人のアプリのサーバを運用していました」

「株式会社凸凹商事の営業部長をやっていました」

「月間３００万ＰＶのブロガーです」

「あの有名人のベストセラー本を担当した編集者です」

なんていうわかりやすい実績は、どれも「思考の錯覚」を作り出す。


たとえそれが実力によるものではなく、上司や同僚や部下や顧客のお

かげで達成できた実績だったとしても、強烈な思考の錯覚を生み出すのだ。

もちろん、麻雀の強さでも、絶妙なタイミングのつっこみでも、しゃれたジョークでも、住んでるマンションでも、学歴でも、経歴でも、あなたの想像もしなかったような、実にさまざまなものが思考の錯覚を作り出す。

ここで重要なのは、「人々が自分に対して持っている、自分に都合のいい思考の錯覚」は、一種の資産として機能するということだ。

本書では、これを**「錯覚資産」**と呼ぶ。

また、もう1つのポイントは、「全体的に優秀」は、「思考の錯覚」の、ほんの一例に過ぎず、さまざまな種類の思考の錯覚があるということだ。

複数種類の思考の錯覚が掛け算されることで、とんでもない威力の錯

覚資産が作り出されるのだ。

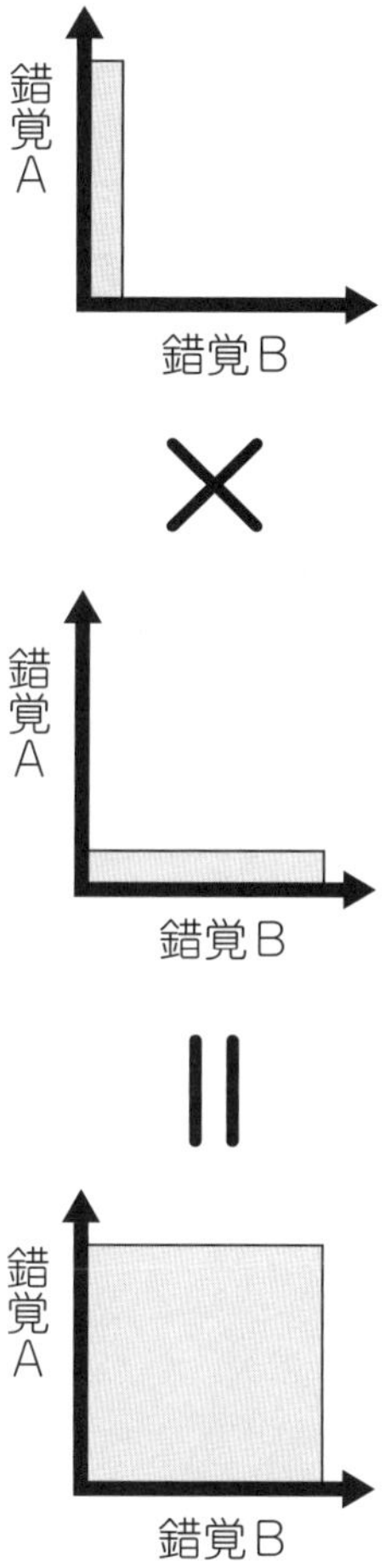

さらに重要なのは、錯覚資産は、うまく運用することで、**複利**で増やしていけるということだ。錯覚資産の運用がうまい人間と下手な人間では、時間とともに、どんどん差が開いていくのだ。

錯覚って、要は、勘違いでしょ？ そんなのを増やしてどうするの？

ポイントは、これは人間の**利害を左右する勘違い**だということだ。

「自分の得になるような、他人の勘違い」（＝錯覚資産）は、生涯賃金に換算して、何千万円、何億円ものお金を生む。

それって、ただの詐欺じゃん。人を騙してまで生涯賃金を増やしたいとは思わないな。

いや、むしろ、あなたのような人こそ、思考の錯覚を理解したほうがいい。

なんで？

理由は、４つある。

第一に、**詐欺に引っかからないようにするには、詐欺の手口を知っておく必要がある**からだ。

錯覚資産を使って人を騙す人は、たくさんいる。

錯覚資産を使えば、
自分が有能な人間であるかのように見せかけて、
昇進したり、転職に成功したり、年収を上げたりすることができる。
ブログにアクセスを集めて、アフィリエイトで稼ぐこともできる。
ツイッターでフォロワーを大量に増やすこともできる。
顧客にものを買わせることもできる。
起業して、投資家から出資金を集めることも、優秀な人材を集めることもできる。

しかし、カモにされる側にとっては、たまったものではない。

たいして有能じゃない人間を、騙されて採用してしまったり、
たいして有能じゃない起業家に、騙されて投資してしまうことになる。

だから、彼らのカモにされないように、彼らの手口を知っておく必要があるのだ。

第二に、**自分の周囲の人たちを、詐欺から守るため**だ。

会社の経営者や管理職が、錯覚資産に騙されて、無能な人を昇進させていると、職場がどんどん非効率になり、労働環境が悪化し、働きにくくなる。サービスの質も低くなるから、お客さんにも、いい迷惑だ。利益が出なくなるから、経営者も、株主も不幸になる。

だから、彼らが錯覚資産に騙されて道を誤りそうになったとき、少しでもマシなほうに軌道修正させるために、錯覚資産の性質を、よく理解しておく必要があるのだ。

第三に、誰に騙されたわけでもないのに、知らず知らずのうちに、有害な思考の錯覚に陥ってしまうことがあるからだ。

これは一種の**病気**のようなもので、この思考の錯覚に思考を汚染されると、誤った判断を繰り返し、どんどん人生が悪くなっていく。

なぜなら、有害な思考の錯覚に思考を蝕まれていても、**本人は、それを自覚できない**からだ。

第四に、錯覚資産がないと、実力をなかなか伸ばせないからだ。

「実力」というのは、よい上司、よい同僚、よい部下、よいポジションという、よい「環境」に恵まれてはじめて、効率よく伸びていく。

そういうよい環境を手に入れられるかどうかは、実力よりもむしろ、錯覚資産によるところが大きいのだ。

なぜなら、企業は、実力のある人間を採用し、いいポジションにつけているつもりになっているが、実際には、ほとんどの場合、錯覚資産の大きい人間を採用し、いいポジションにつけているからだ。

「実力がある」から、よいポジションを手に入れられるのではなく、「実力があると周囲が錯覚する」から、よいポジションを手に入れられているという部分が大きいのだ。

これが意味するところは、あなたが思っている以上に、重大だ。
たとえば、ここに、次の2人の人がいたとする。

- 【実力タイプ】本当に実力がある人。
- 【錯覚力タイプ】実力はないが、実力があるように見せかける能力のある人。

会社は、実力タイプよりも、錯覚力タイプのほうが有能だと認識するので、錯覚力タイプは、実力タイプよりも、よりよいポジションや成長のチャンスを手に入れられる。

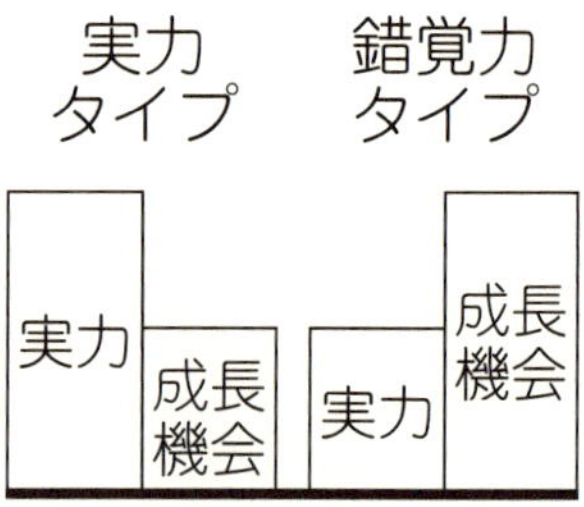

錯覚力タイプは、エリートコースに乗り、いい先輩の丁寧な指導を受け、重要な仕事を任され、みんなに助けられ、実力アップの機会に恵まれる。

実力タイプは、数年後に廃棄が決まっている老朽化したシステムのお守りや雑用ばかりさせられ、ろくな経験を積めず、実力が伸び悩む。

結果として、数年後には、実力においても、錯覚力タイプが、実力タイプを追い抜いているのだ。

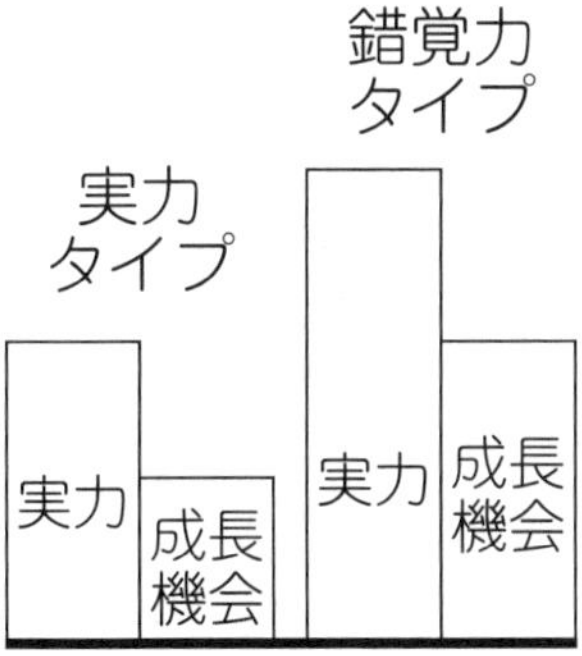

こうなると、錯覚力タイプは、さらにもっとよい成長機会を与えられることになる。

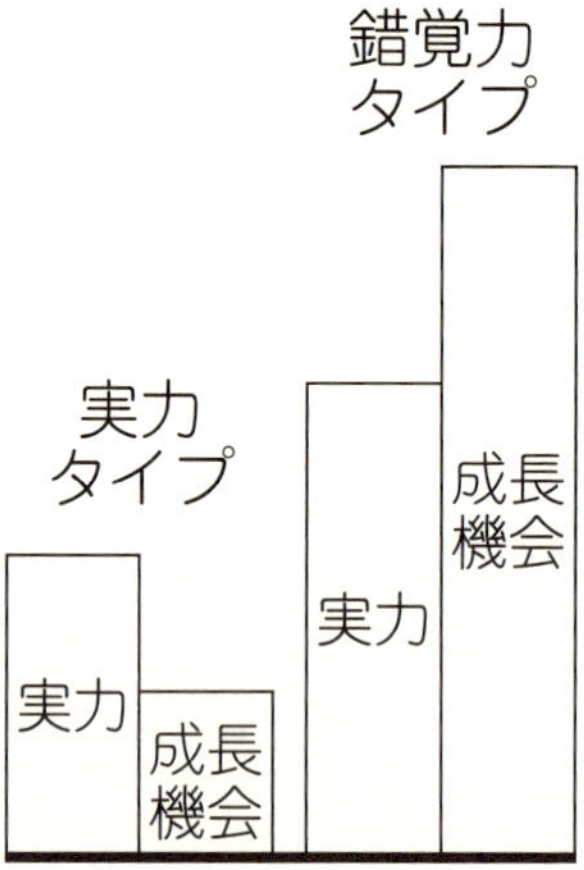

この繰り返しで、錯覚力タイプと実力タイプの差は、残酷なほど開いていく。

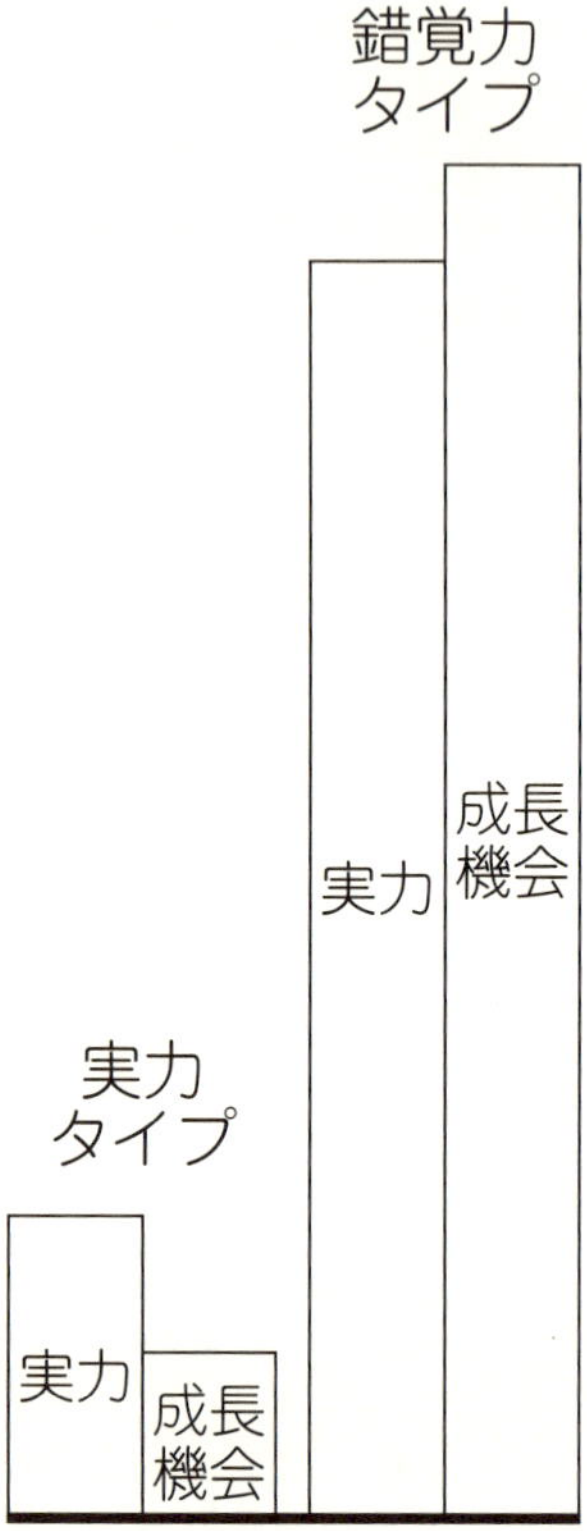

つまり、

「錯覚資産によってよい環境が手に入り、よい環境によって実力が育ち、実力があるからそれが成果を生み、その成果を利用してさらに錯覚資産を手に入れる」というループが回ることで、錯覚資産と実力が雪だるま式に増えていくという構造があるのだ。

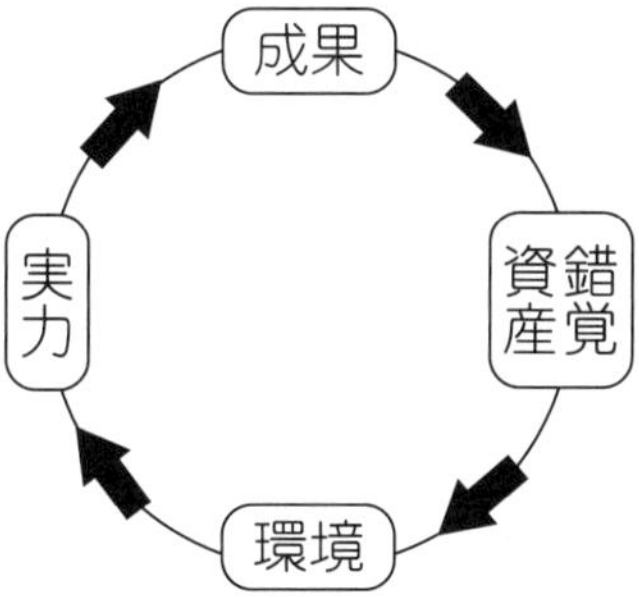

結局、これは、どういう本なの？

第一に、これは、「実力主義」の欺瞞《ぎまん》を暴く本だ。

年功序列が崩壊し、男女平等が実現し、インターネットによって、誰にでも平等にチャンスが与えられるようになり、誰もが、本当の価値、本当の実力で評価される世の中になってきている。

そんなことを言う人たちが、どんどん増えてきている。

それが本当なら、まったくけっこうなことだ。

しかし、現実は異なる。

自分よりも実力のない人たちが、自分よりも評価されているなんてことは、いくらでもあるのだ。

おかしいじゃないか。

世の中、実力主義のはずじゃなかったのか?

なぜ、自分よりも実力のない奴らが、自分よりも評価されてしまうんだ?

本書は、それを明らかにする本なのだ。

第二に、本書は、成功法の本だ。

ただし、そこで語られるのは、

「世の中、実力主義になんてなってない」という身も蓋もない現実を踏まえたうえでの、リアルな成功法だ。

具体的には、思考の錯覚を理解し、錯覚資産の生成・操作・運用方法を理解し、有害な思考の錯覚を取り除くことで、仕事や人生においての成功確率を、飛躍的に上げる方法を書いた本だ。

そういうあんたは誰なの？　どこの馬の骨とも知れない奴がそんなことを言っても、説得力ないよ。

やっぱり、そう言われちゃうよね。

錯覚資産を持たない人間には、発言の機会さえ与えられないのが、世の中というものなんだ。

筆者は、複数の企業を創業した経験がある。そのうち1社は上場した。それなりに有名な本の監訳、翻訳、執筆をしたし、海外講演もした。それは、私の実名を知る本書の編集者が保証してくれる。

今まで書いたブログ記事の累計読者数も、少なくとも数百万人にはなる。

もちろん、いわゆる「成功者」の知り合いも、普通の人よりは、はるかに多い。資産が数億円、数十億円になった元同僚もけっこういる。

彼らとは、のべ千時間以上、同じ経営会議・人事評価会議・戦略会議・役員合宿・役員飲み会などに出席して、さまざまな議論を重ねてきた。

彼らの情熱と向上心、行動力、抜群のマーケット感覚、洞察力も、肌感覚でわかっている。

それと同時に、彼らがどういう種類の偏見や思いこみを持ち、どういう種類の間違いを犯しがちかも、身に染みてよくわかっている。

本書を執筆するうえで、これらのことは、重要な意味を持つ。

なぜそうなのかは、本書を読めば、わかる。

なんで、この本を書こうと思ったんだ？

大学での専攻が、心理学だったんだ。そこで思考の錯覚の面白さを知ってね。

卒業後も、仕事をしながら、心理学の勉強を続けていたんだ。

日々の仕事の現場で、あまりにも思考の錯覚に基づいて意思決定する人が多いので、いつか、こういう本を書いてやろうと思っていたのさ。

なんで、ペンネームで本を書いているの？

実名で書くと、どんなに正直に書いているつもりでも、
無意識のうちに体面や人間関係に配慮してしまって、
ウソをついている自覚なしに、文章の中にたくさんのウソが混じるからだ。
ウソつきだからウソを書くのではなく、実名に絡みついている関係性がウソをつかせるのだ。

私は、人間関係に縛られず、「本当のこと」を書きたかった。
立場上、書けないことも、誠実に書きたかった。
だから匿名で書いたのだ。

ふろむだ
@fromdusktildawn

おいしいのは「正しいとしか思えない間違ってること」

ゴルフは、より少ない打数でボールを穴に入れるゲームだ。

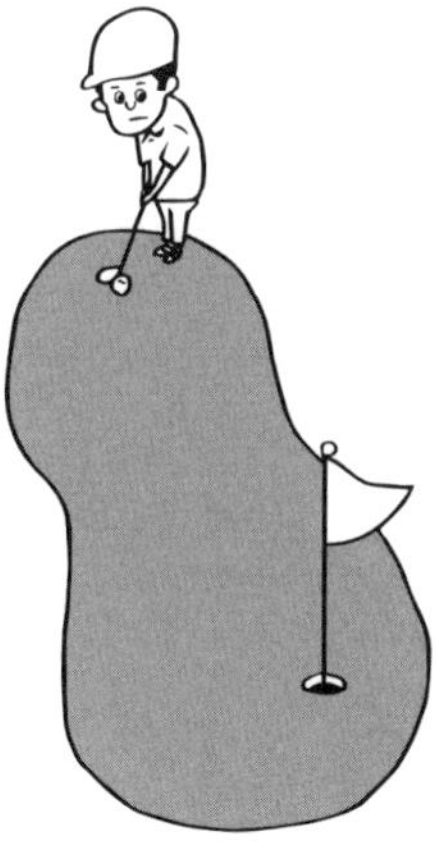

次の表は、2017年の伊藤園レディスゴルフトーナメントの参加者の上位55名から、プログラムでランダムに選び出した5名の初日の成績だ。

	初日
フェービー・ヤオ	67
O. サタヤ	70
永井 花奈	73
酒井 美紀	74
柳澤 美冴	76

フェービー・ヤオさんが一番打数が少ないので、この中では、フェービー・ヤオさんが成績トップだ。

この人たちの2日目の成績は、どうなっただろうか？

あなたの予測値を、次の空欄に書き込むか、どこか別の場所にメモるか、してみてほしい。

	初日	2日目
フェービー・ヤオ	67	
O. サタヤ	70	
永井 花奈	73	
酒井 美紀	74	
柳澤 美冴	76	

正解は、次のようになる。

	初日	2日目
フェービー・ヤオ	67	70
O. サタヤ	70	76
永井 花奈	73	74
酒井 美紀	74	72
柳澤 美冴	76	68

どうだったろうか？
予想は当たっただろうか？
予測値は、実際の値と、どれくらい近かっただろうか？

「初日によい成績の人は、2日目もよい成績になるだろう」って思ってた？
「なのに、そうなってないのは、おかしい」って思った？

「ランダムに選んだ結果、たまたま、変に偏ったデータになっただけだろう」って思った?

実は、このトーナメントの上位55名全員分を並べたとしても、同じなのだ。

「初日の成績がよかった人が、2日目の成績もいい」なんて傾向は、ほとんど見られない。

実際、55名全員分のデータで、初日と2日目のスコアの相関係数を計算すると、マイナス0・26になる。

ランダムに抽出したこの5名のデータでは、相関係数はマイナス0・27だ。

相関係数というのは、2つの確率変数の関係の強さを表す。

「1日目のスコアがよいほど2日目のスコアがよい」という法則が完全に成り立つ場合、相関係数は1・00になる。

「1日目のスコアがよいほど2日目のスコアが悪い」という法則が完全に成り立つ場合、相関係数はマイナス1・00になる。

「1日目のスコアと2日目のスコアは、まったく関係がない」という場合、相関係数は0になる。

ここで、相関係数マイナス0・26をどう解釈するかだが、少なくとも、「1日目のスコアがよいほど2日目のスコアがよいという傾向は見られない」ということは言える。

重要なのは、**なぜ、あなたは「初日の成績がよければ、2日目の成績もよい」と思ったのか？** ということだ。

あなたは、無意識のうちに、ゴルフの成績は、だいたい次のような要因配分で決まると思っていなかっただろうか？

運	実力

つまり、「ゴルフのスコアは、かなりの部分、実力で決まる。運に左右される部分は、

そんなに多くない」って思っていなかっただろうか？

「運もあるけど、大部分が実力で決まるのだから、初日にいい成績だったプレーヤーは、実力があるはずだ。実力があるプレーヤーは、2日目の成績もよいはずだ」と思っていなかっただろうか？

しかし、現実は、運の要素が、**あなたが思っているよりも、ずっと大きいのだ。**

イメージ図にすると、次のような感じだ。

まさか。とてもそうは思えないわ。

それでは、この写真を見てほしい。

うわ。目がこっちを見てる。

(写真提供：Getty Images)

いや、これは、ただの窓だ。

しかし、これが窓に過ぎないと知っている今ですら、

「この窓を見て、『目』に見えないようにする」
ということは、かなりの努力を要する。

「これは、屋根につけられた窓であって、目なんかじゃない」
と、どんなに思っても、ちょっと油断すると、すぐにまた目に見えてしまう。

運を実力だと思いこむ人の脳の中でも、これと同じことが起きている。

「これは、実力ではなく運だ」ということを、いくら説明されても、
どれだけの証拠を突き付けられても、
どうしてもそれは、実力に見えてしまう。

やっぱり、直感的に、とてもそうは思えないわ。

実は、筆者もだ。

たとえば、以前、ある営業マンが大型案件を受注したときのこと。

その成功要因を詳しく分析した人から、「ほとんどが運によるものだった」と指摘されたことがあった。

しかし、**頭では、**それが運だとわかっていても、**直感的には、**それが実力によるものだとしか思えなかったのだ。

採用担当がほとんど運で優秀な人材を採用できたときも同じだった。

プロデューサーがほとんど運で企画をヒットさせたときも同じだった。

単に、あんたらが、物事を正しくを評価することができないってだけの話だろ。俺は違う。

なるほど。個人の能力次第だと思う人もいるかもしれない。

あのさ、片目をつぶってみてもらえる？

つぶったけど？
これがなにか？

視野の一部が欠けているのがわかる？

……いや、別に、欠けてないけど？

でも、実際には、盲点の部分が、欠けてるんだ。

視野に欠損があっても気がつかないのが、脳というものなんだ。
個人の能力は関係なくて、人間の脳のしくみとしてそうなってるんだ。
同様に、自分の思考に欠損があっても、脳は気がつかないんだよ。

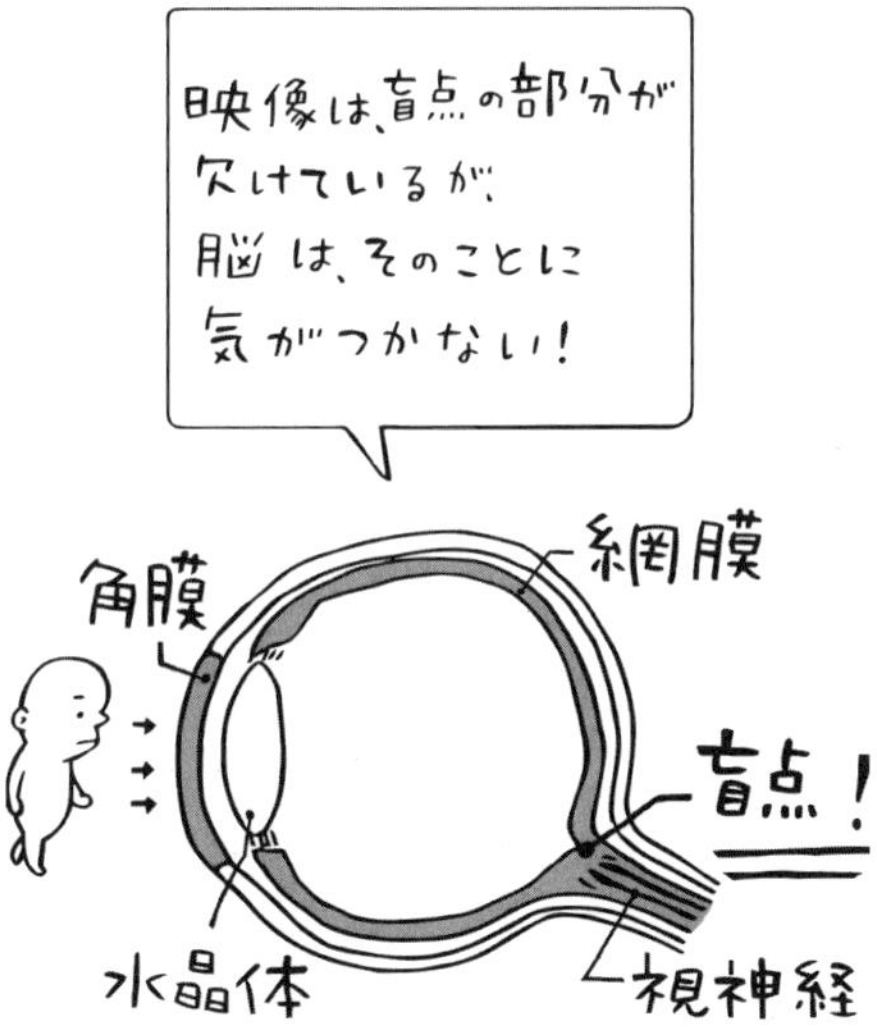

次の図で示すように、「直感的に正しいと思える、間違っていること」と「直感的に間

違っていると思える、正しいこと」という、2つのエリアに、「錯覚の悪魔」が棲んでいる。

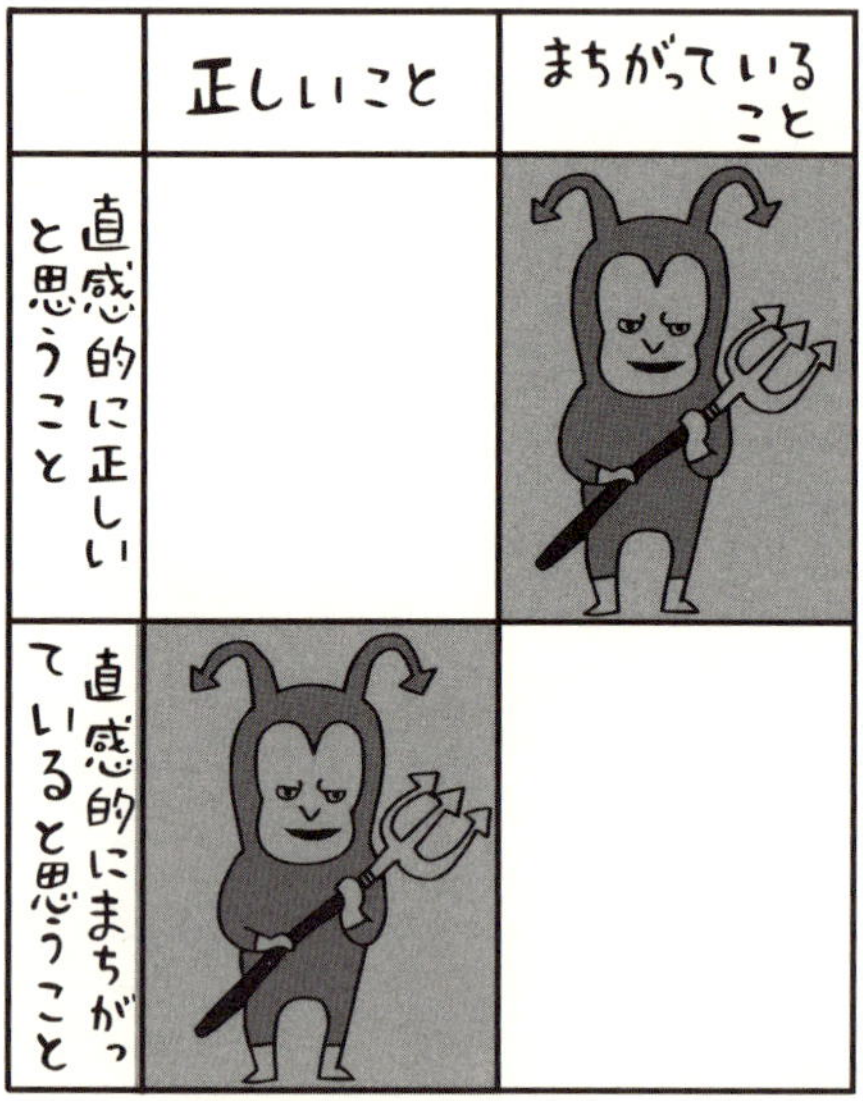

人間の目には、この悪魔は見えない。

彼らは、思考の死角に棲んでいるからだ。

そして、この「見えない」という性質が、この悪魔に恐るべき力を与えている。

この悪魔は、とてつもない力で、あなたの人生を支配しているのだ。
あなたは、そのことに、まったく気がついていない。

「運を実力だと思う思考の錯覚」は、この悪魔の住《す》み処《か》で生まれた。

だから、人間は、「人間が、運を実力だと思う思考の錯覚を持っている」という事実に、長い間気がつかなかった。

しかも、その存在に気がついた後ですら、いざ、自分自身がその思考の錯覚にとらわれてしまうと、自分が思考の錯覚に陥っているという事実に気づくことができない。

逆に言うと、後述するように、この悪魔を見る力を手に入れれば、あなたは、自由を手に入れ、自分の人生どころか、他人の人生すら、コントロールすることができるようになる。

少し先走り過ぎたので、話を戻す。

転職するにしろ、起業するにしろ、運を実力だと思いこむ思考の錯覚は、非常に重要な意味を持つ。

「自分には実力があるから」という理由で転職／起業しようとするのは判断が間違っている可能性が高いし、「自分には実力がないから」という理由で、転職／起業を躊躇するのも、判断が間違っている可能性が高いからだ。

実際には、転職先の企業でパフォーマンスが発揮できるかどうかを決めるのは、運の要素がかなり大きい。あなたが思っているよりも、はるかに大きいのだ。

うーん。理屈はともかく、「成功は、ほとんど運次第だ」と、あきらめちゃうのはダメなんじゃないかなぁ。なにか、「これをやれば成功できる」っていう成功法があるんじゃないの？

これについては、次の3つのポイントがある。

・個々の成功は運次第だとしても、成功確率を上げる方法はある。

・実際に、成功がほとんど運次第なら、その現実を直視せずに、たいして効果のない成功法にしがみついても、成功確率は上がらない。成功がほとんど運次第だと

いう現実を踏まえたうえで、成功確率を上げることに徹したほうがずっと効率がいい。

・「成功は運次第だと認めたくない」という自分の感情と、ちゃんと向き合わないと、判断がゆがんでしまう。

というわけで、この後の予定。

まず、運がコントロールできない中で、成功確率を上げる方法を見てみることにする。

そして、その後、なぜ、人間は、そんなにも成功が運次第だと認めたくないか？　についての研究をご紹介する。

ただし、それらの話を理解するための前提知識として、「ハロー効果」を理解しておく必要があるので、次に、それらについて、簡単な解説をする。

ふろむだ
@fromdusktildawn

自分はハロー効果に騙されないと思ってる人が騙される理由

「はじめに」で紹介した「全体的に優秀」という思考の錯覚は、「ハロー効果」と呼ばれる認知バイアスによって引き起こされている。

え？　なに？　話が複雑すぎて、頭に入らないんだけど？

まず、認知バイアスって、なんだかわかる？

バイアスってなに？

「偏向、偏見、先入観、偏り、ゆがみ」という意味だ。

じゃあ、「認知の偏り、ゆがみ」という意味か。認知が偏るとかゆがむって、どういうこと?

じゃあ、ミュラーリヤー錯視を例に考えてみよう。

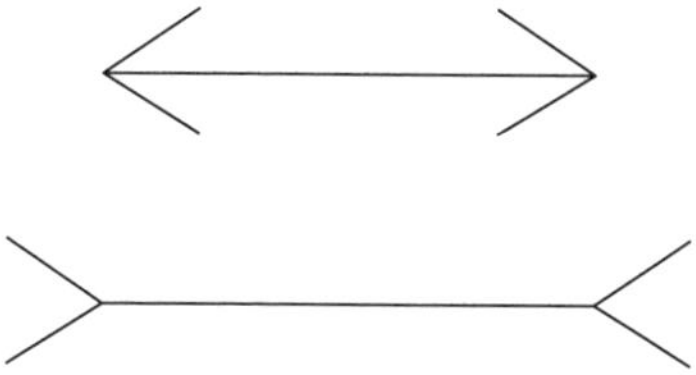

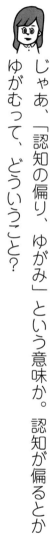

これ、上の線と、下の線は、「本当は」同じ長さだよね。
でも、下の線のほうが、長く「見える」。

そうね。

ゆがんだレンズをかけていると、世界がゆがんで見えるだろう？

それと同じように、脳の認識機構がゆがんでいると、実際の線の長さと、認識される線の長さがズレてしまう。

この「ゆがんだレンズ」に相当するものが認知バイアスなんだ。

「はじめに」で出てきた「全体的に優秀」という思考の錯覚の話も同じだ。

脳の認識機構というレンズがゆがんでいるために、「実際の政策のよさ」と「認識される政策のよさ」がズレてしまう。

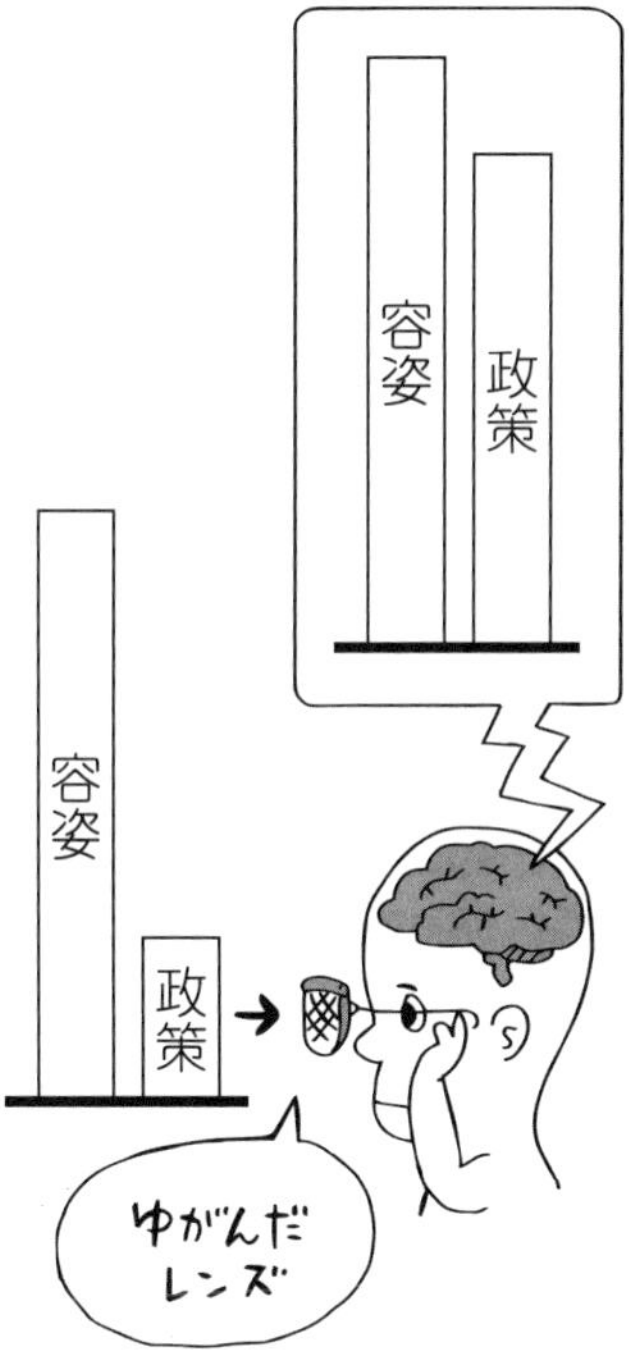

でも、正しく政策を認識できる人もいるよね？

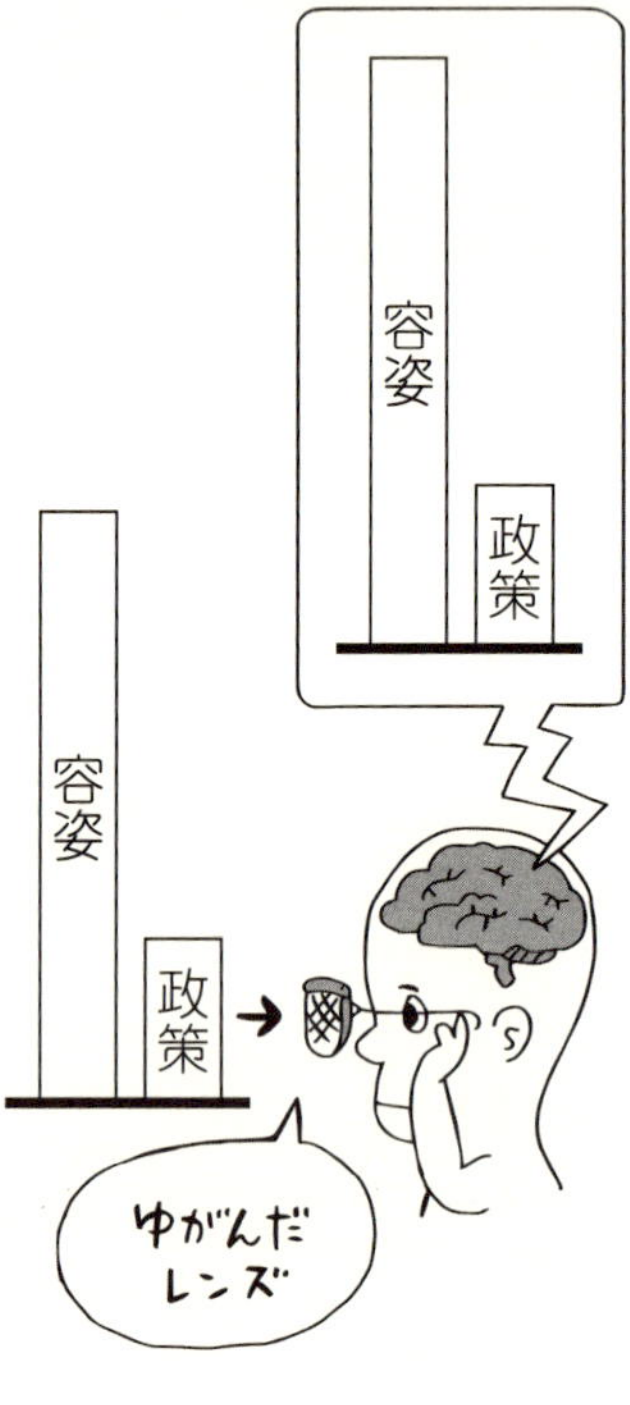

そう。「認知バイアス」というのは、あくまで、科学的手法で検証された「認知の偏り傾向」のことなんだ。

「大多数の人間は、そういう『傾向』を持っている」ということであって、当然、例外もいる。

認知バイアスには、いろいろな種類のものがある。
それぞれゆがみ方の異なる、さまざまなゆがんだレンズがあるということ。
そのうちの1つが、ハロー効果なんだ。

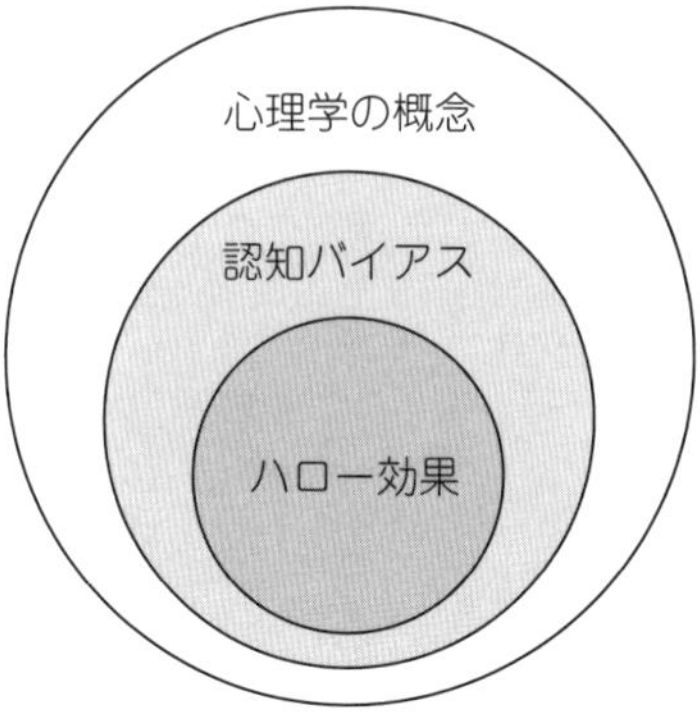

認知心理学の「認知バイアス」という専門用語は、一般の人には、直感的にわかりにくい。

だから、本書では、認知バイアスという言葉を使う代わりに、できるだけ「思考の錯覚」という言葉を使うようにしている。

「思考の錯覚」なら、「目の錯覚のようなもの」というたとえで理解できるから、理解しやすいんだ。

人間は、「〜のようなもの」と言われると、物事を簡単に理解できる生き物なので。

「認知バイアス」と「思考の錯覚」の関係は、「ゆがんだレンズ」と「見間違い」の関係だ。

これは、「認知バイアスというゆがんだレンズ」をかけているので、「思考の錯覚という見間違い」をする、という意味だ。

「思考の錯覚」と「錯覚資産」の関係は？

たとえばあなたがイケメンor美人だとすると、あなたに会った人は、あなたの実力を、

実際以上に高く評価する。

これは思考の錯覚なのだけれど、この思考の錯覚には、次の2つの特徴がある。

- **他人があなたに対して抱く思考の錯覚。**
- **その思考の錯覚は、あなたにとって都合がいい。**

この2つの特徴を持った思考の錯覚は、あなたの資産として機能する。

なので、こういう思考の錯覚を、本書では「錯覚資産」と呼んでいる。

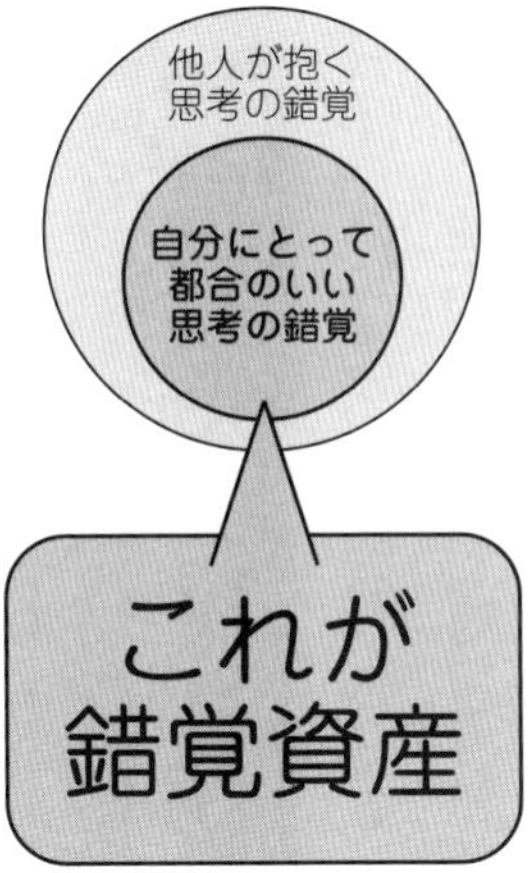

まとめると、用語の定義は次のとおり。

- **錯覚資産とは、「他人が自分に対して持つ、自分にとって都合のいい思考の錯覚」のことである。**
- **思考の錯覚は、認知バイアスによって引き起こされる。**
- **認知バイアスとは、認知心理学の概念で、「認知の偏り」という意味である。**
- **ハロー効果は、認知バイアスの一種である。**

で、結局、ハロー効果って？

説明する。

「ハロー効果」の「ハロー（halo）」とは、あいさつではなく、後光のこと。

なにか一点が優れていると、後光がさして、なにもかもが優れて見えちゃうような錯覚、というわけだ。

興味深いのは、**「ハロー効果ね。ああ、知ってる」と言う人のほとんどは、あいかわらずハロー効果に引きずられて、誤った認識や判断をしている**ということだ。

「わかる」ということは、行動が「かわる」ということ。

行動が変わっていないのであれば、それは、わかっていないということだ。

ハロー効果への対処法ぐらい、大学の一般教養で習うだろう?

もちろん、ハロー効果への対処法を知っている人は、たくさんいる。
けれど、ほとんどの人は、それをやっていない。それは、次の5つの理由による。

1. 理屈としては、ハロー効果への対処法を理解していても、**「直感的に正しいと感じること」が正しいとしか、思えない**から。「直感が間違える」というエビデンスがいくらあっても、**客観的事実より、自分の直感のほうを信じる。**人間とは、そういう生き物なのだ。

2. たとえ直感が間違っているとわかっていても、直感的に正しいと思える行動をしたほうが**気持ちいい**から。

そして、**直感的に正しいと思う行動をしないと、不安で、不快で、気分が悪くなる**からだ。

人間は、正しさなんかよりも、自分の欲望に忠実に生きたほうが、断然気持ちがいいし、**人間は、正しいほうではなく、気持ちがいいほうを選ぶ**生き物なのだ。

3. SNSでもリアルでも、**「直感的に間違っていると思える正しいこと」を言うと、友人知人に間違っていると決めつけられ、反感を買い、嫌わ**

れるから。「直感的に正しいと思える間違ったこと」を言ったほうが、人々に**共感**され、支持され、**交友関係がうまくいく**から。

4. ほとんどの場合、直感に基づいて意思決定したほうが、組織内での**自己保身に都合がいい**から。

ほとんどの組織は、ピラミッドの頂点から底面まで、「ハロー効果でずぶずぶに汚染された直感」で、意思決定されている。

もし、あなただけ、「ハロー効果に汚染されていない直感」で意見を述べたら、たとえあなたがどんなに正しいことを言っていたとしても、ピラミッドの上から下まで、全部と対立することになる。

部下も、同僚も、上司も、上司の上司も、上司の上司の上司も、経営層も、全員が、あなたと意見が対立することになる。

そんなことをしたら、**あなたは、上司の不興をかって、出世できなくなるどころか、下手したら年収が下がったり、組織にいられなくなったり**しかねない。

一方で、あなたがハロー効果に汚染された直感で誤った判断をしたとしても、組織の上から下まで、みんな同じ過ちをやっているので、あなただけ特別不利になることはない。

もちろん、ライバル企業も、ハロー効果に汚染された直感に基づき、誤った判断をしているので、競争上の不利もない。

5. ハロー効果による錯覚は、**権力者にとって、都合がいい**から。

「地位が高い」とか「実績がある」と、

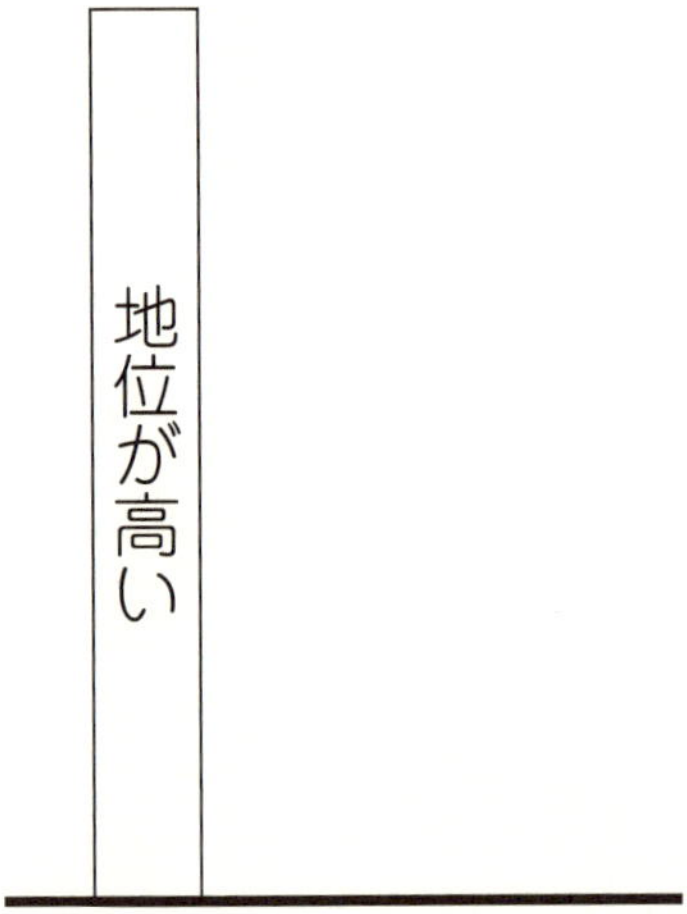

その人が「全体的に優れている」と、人々は認識する。

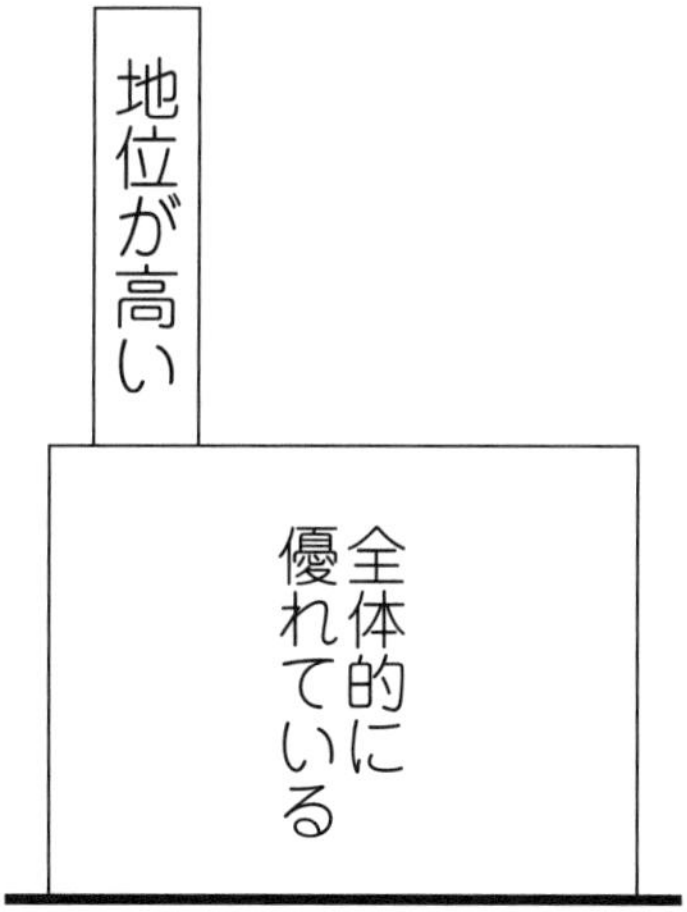

それによって、その人の考え方や発言内容の「正しさ」まで底上げされ、実際よりも正しいように聞こえるのだ。

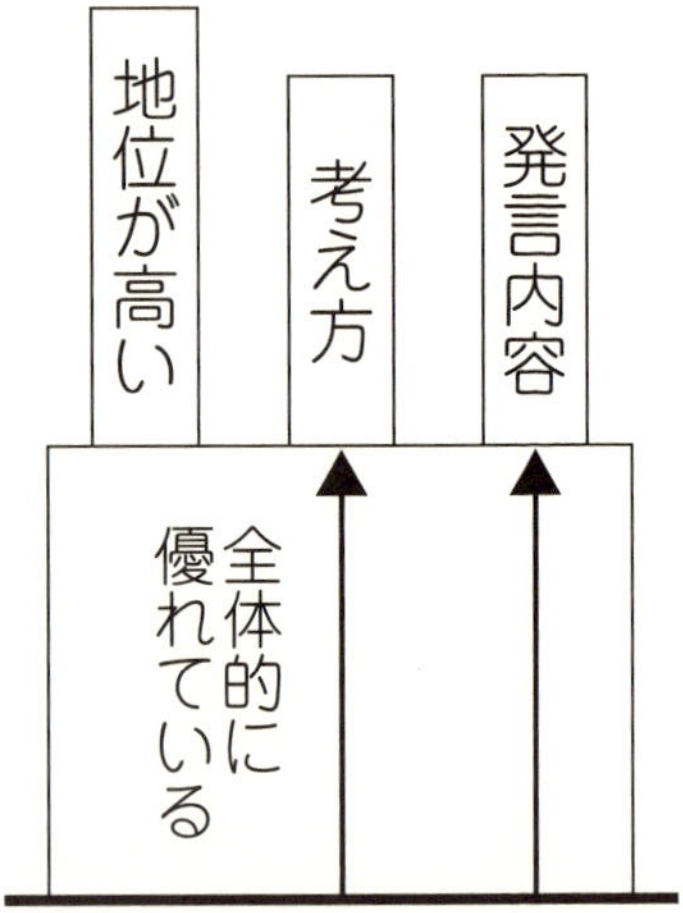

これは、**経営者や管理職はもちろん、人気作家、起業家、芸能人、有名コンサルタント、人気ブロガー、人気ユーチューバー**など、いろんな人に当てはまる。

ハロー効果の汚染を除去すると、それら社会的強者・成功者たちの、考え方・価値観・発言の**正しさ**が、**暴落**する。

これは、彼らにとって、大変都合の悪い事態だ。

それまで、部長の言うことを、**「部長が言うんだから、正しいんだろう」**と**人々は無意識のうちに受け入れていた**のに、ハロー効果を除去すると、「はたして、それは本当なんだろうか？」「ちゃんとデータを取って調べないと、わからないんじゃないだろうか？」などと人々が疑い始め、**上司は、部下たちに、簡単に言うことを聞かせられなくなって**しまう。

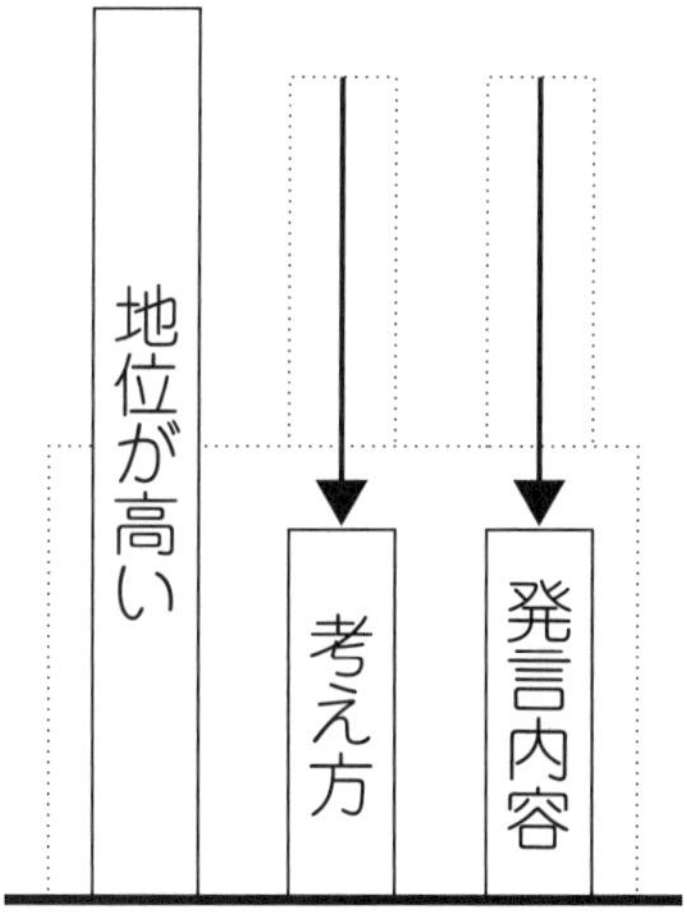

人気コメンテーターだって、コンサルタントだって、困ったことになる。今までは、視聴者も顧客も、ハロー効果によって、自分の意見を重宝して聞いてくれていたのに、ハロー効果汚染が除去されると、視聴者も顧客も、自分のコメントやアドバイスを以前ほど正しいとは思ってくれなくなり、**払われる報酬も、下がってしまいかねない。**

大損どころか、自分の社会的地位が脅かされてしまう。

つまり、ハロー効果を除去するということは、それら**社会的強者を敵に回す**ことになるのだ。

もちろん、そんなことをしたら、**あなたの社会生活は、成り立たなく**なる。

だから、仕事では、ハロー効果まみれの意見を言われても、曖昧な笑顔を浮かべながら黙認せざるを得ないことがあるのはしょうがない。

しかし、あなた自身の人生の選択だけは、話が別だ。

あなたは、あなたの人生の最高経営責任者だ。

あなたは、あなたの人生の経営判断を、是が非でも間違えるわけにはいかない。

だから、自分の人生の選択をするときだけは、徹底的に思考の錯覚の汚染を除去して、研ぎ澄まされた直感と論理的思考で、本当に正しい判断をしなければならないのだ。

ふろむだ
@fromdusktildawn

学生と社会人では人生ゲームのルールが根本的に異なる

運はコントロールできない。

「どうなるかは、神にゆだねるしかない」と言う人がいるが、実際には、たとえ全知全能の神であっても、運はコントロールできない。

なぜなら、コントロールできてしまったら、それは、もはや運ではないからだ。

運は、「原理的に」コントロールできないのだ。

しかし、思考の錯覚と運を運用することで、成功確率を上げることはできる。

ポイントは、「成功すると、次の成功の確率が上がる」という点だ。

たとえば、ある起業家が、1つのサービスをヒットさせたとする。

すると、ハロー効果によって、人々は、その起業家が全体的に優秀だと思うようになる。

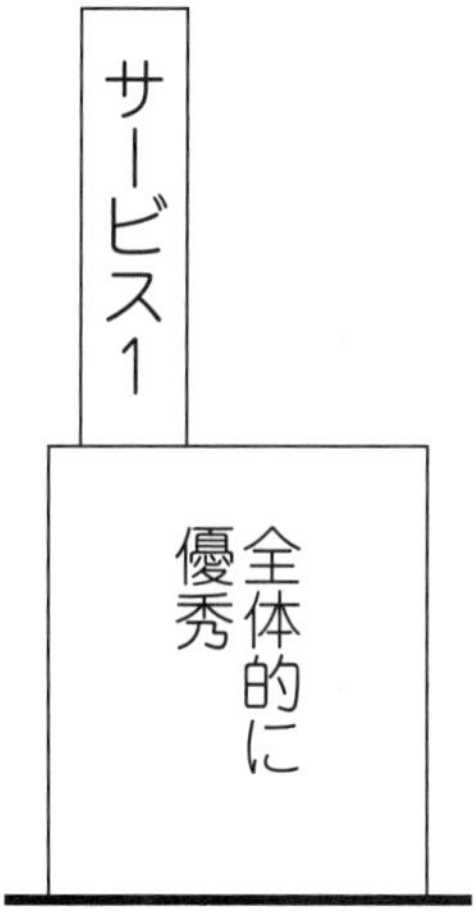

このため、実際には、その起業家が出す次のサービスがヒットする可能性が低かったと

しても、

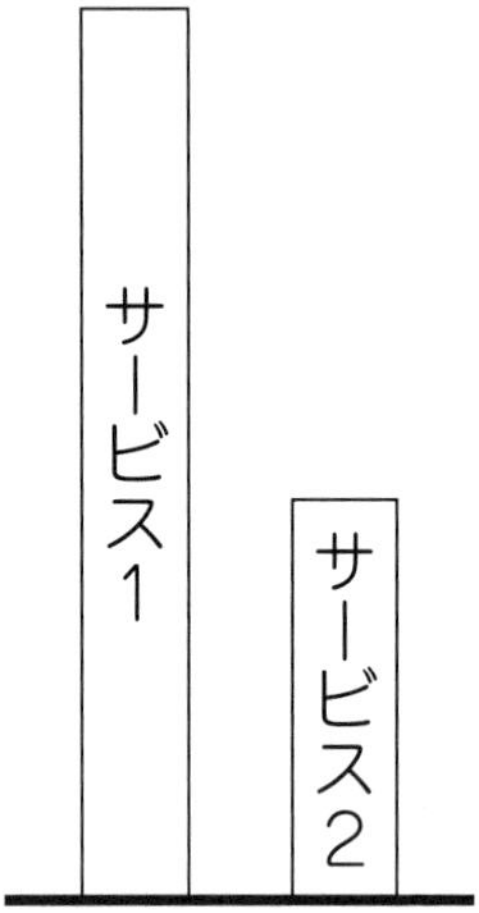

人々は、その起業家が出す次のサービスもヒットする可能性が高いと錯覚する。

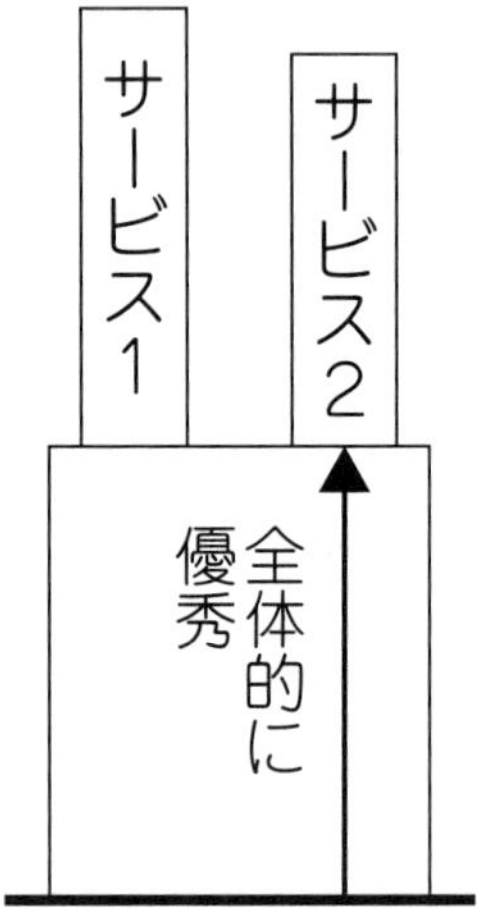

それによって、この錯覚に惑わされた人々が、勝ち馬に乗ろうとして、ワラワラと集まってくる。

多くの投資家がこぞって投資しようとするので、潤沢な資金が集まる。多くの優秀な人材が、成功の分け前にあずかろうと集まってくるので、人材も選び放題だ。
メディアも、次のサービスに注目し、積極的に記事やニュースを書いてくれる。
ユーザも、次のサービスも面白いんじゃないかと期待して、積極的に使ってくれる。

この状態になると、たとえダメダメなサービスだったとしても、優秀な人材がよってたかってサービスを改良して、よいものにしてくれる。

たとえサービスがダメダメで鳴かず飛ばずだったとしても、潤沢な資金があるから、成功するまで、何度でもやり直せる。

このようにして、思考の錯覚は、**成功者の成功確率を、一般人の何十倍、何百倍も高くする**のだ。

よく**「失敗は成功の母」などと言われるが、実際には、成功のほうが、はるかに成功の母だ。**次の成功を、どんどん生んでくれる。

なぜなら、ユーザも、投資家も、エンジニアも、メディアも、「成功は、運ではなく、実力によるものだ」と**錯覚**するからだ。

錯覚が、成功スパイラルを作り出すのだ。

プラシーボ効果が、単なる錯覚にもかかわらず、現実に病気を治癒する効果があるのと同じように、思考の錯覚は、単なる錯覚でしかないにもかかわらず、現実の成功確率を飛躍的に上げる。

受験勉強では、思考の錯覚の入り込む余地は少ない。**ハロー効果のおかげでテストの点数がよくなったりはしない**からだ。

また、運に左右される割合も少ない。

だから、一般的には、成功・失敗を決める要因は、こんな感じになる。

運	実力

しかし、ほとんどの社会人の場合、成功・失敗を決める要因は、こんな感じになる。

運	錯覚資産	実力

社会人の仕事の多くは、受験勉強よりも、はるかに不確実性が大きく、運に左右される変数が多いし、錯覚資産の多寡で結果が大きく左右されるからだ。

つまり、**学生と社会人では、ゲームのルールが根本的に異なる**のだ。

学生のうちは、勝敗は、錯覚資産など関係なく、かなりの部分、実力だけで決まる。

しかし、社会人になったら、**錯覚資産を持つ者は、人生はイージーモードの神ゲーになるが、錯覚資産を持たざる者は、人生はハードモードの糞ゲーになる。**

錯覚資産なんて、詐欺じゃん。そんなもので、人を騙してまで成功したいとは思わないな。

なるほど。

それでは、次は、それについて見てみよう。

ふろむだ
@fromdusktildawn

誰も卑怯と気づかない卑怯なやり方が最強の勝ちパターン

実際、やりたいことがやれるのは、自己資金のある連中だけだよ。僕のような貧乏人は、やりたくないことをやって生きるしかないのさ。

資金が必要なら、クラウドファンディングで、資金を集めればいいじゃないか。

いや、実際、やってみたけど、ぜんぜん資金が集まらなかったぜ。

それは、あなたに「信用」がないからだ。

ここで言う「信用」とは、
「あいつが作るものなら、きっと面白いものになるだろう」
と**信用**して、まだモノが出来上がらないうちから、クラウドファンディングでお金を払うということだ。

「あいつなら、ちゃんと誠実に、モノを作ってくれる」
と**信用**して、支援するってことだ。

「信用」とは、「認められた人柄」と「認められた実力」のことなのだ。

信用
認められた人柄
認められた実力

単に実力があっても、人柄がよくても、それだけでは、人々はあなたを支援しない。

どんなに実力があっても、その実力が人々に**信用**されていなければ、人々はあなたを支援しない。

どんなに人柄がよくても、その人柄が人々に**信用**されていなければ、人々はあなたを支援しない。

「ああ、自分も、もっと信用を身につけなければいけない」と思った？

もし、そう思ったとすれば、**あなたは、騙されやすい人だ。**

つまり、さっきのはウソってこと？

そう。成功者の典型的な欺瞞の1つだ。

とくに、成功者が「自分には『信用』があるから、クラウドファンディングでたくさんの資金が集まった」と言ったときは、注意したほうがいい。

「信用」のある人というのは、立派な人だ。尊敬できる人だ。

つまり、その成功者は、

「自分は立派な人間だから、その立派さゆえに、成功したのだ」

と主張しているのだ。

ここで、成功者は、実力も人柄も、ハロー効果で強烈に底上げされていることを思い出そう。

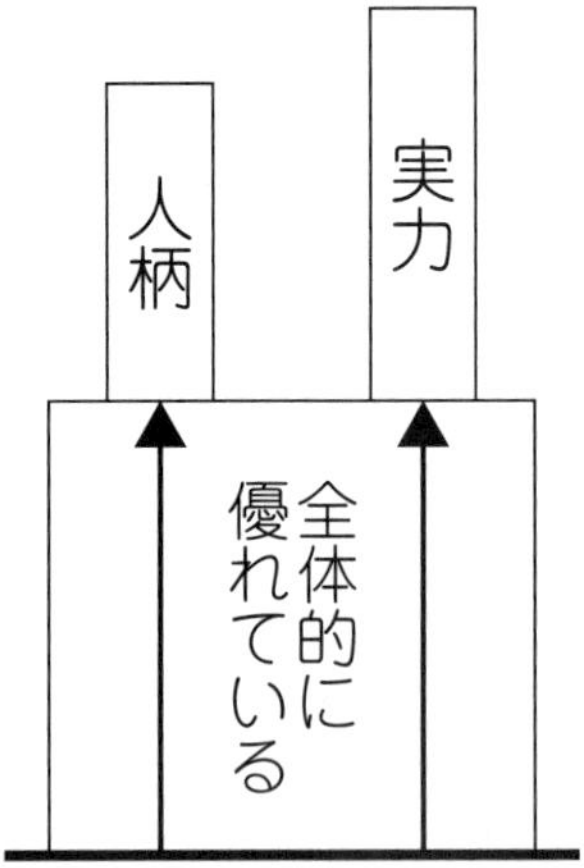

ハロー効果が強烈に効いているから、人々は、「あいつの作ったものは、面白いに違いない」って思うし、「あいつなら、ちゃんとやり遂げる」って思うのだ。

つまり、成功者の場合、実際には、「信用」と呼ばれるもののうち、かなりの部分が、錯覚資産なのだ。

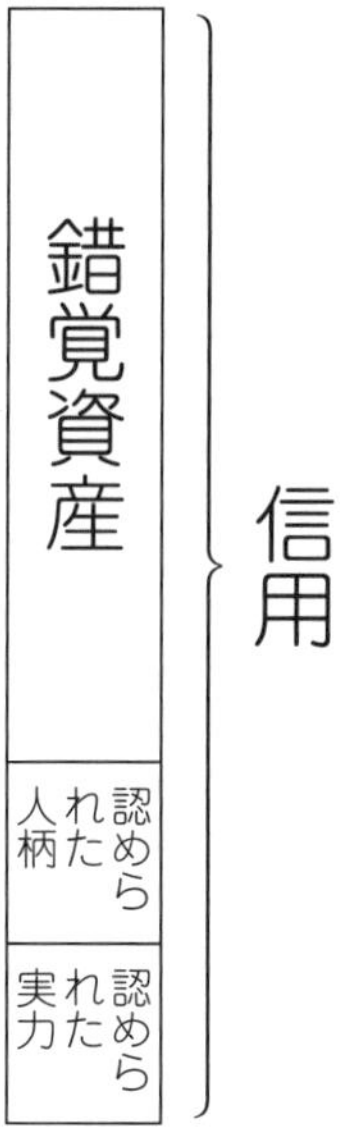

錯覚資産の大きい人は、立派な人なのだろうか？　尊敬できる人なのだろうか？

否。

「錯覚資産」というのは、褒められるようなものでも、誇れるようなものでもない。

それは**人の判断を誤らせる、空虚なハリボテ**だ。

錯覚資産のことを「信用」だと言いつくろう人は、**「人の判断を誤らせる、空虚なハリボテ」に「信用」というラベルを貼って、「立派なもの、尊敬に値するもの」に偽装して、人々から尊敬を得ようとしているのだ。**

控えめに言って、卑劣だ。

でも、「信用」のすべてが錯覚資産ってわけじゃないだろ?

そのとおり。

それらのなかには、空虚なハリボテどころか、本当に大切なものも、たくさん含まれている。

しかし、それをいいことに、彼らは、**そのなかに、こっそり錯覚資産を紛れ込ませてごまかしているのだ。**

ウソを隠蔽する、最も効果的な方法は、それを真実の中に紛れ込ませることなのだ。

そんなことを言ったら、「ブランド」だって、同じことだろう？

文脈にもよるが、個人が、「僕にはブランドがあるから……」と言うような場合、「ブランド」のかなりの部分が、錯覚資産だ。

ブランド

錯覚資産	錯覚資産を取り除いたブランド価値

主に錯覚資産による結果であるにもかかわらず、それを「僕にはブランドがあるから……」と言うのは、やはり、欺瞞なのだ。

「ブランド」は「欺瞞」なんかじゃないよ。「ブランド」は、世の中に必要なものだよ。「ブランド」があるからこそ、我々は、

粗悪品をつかまされることもなく、商品を安心して買えるんだ。

そうそう。ブランドがないと、どれを選べばいいのかの意思決定が、素早くできないわ。ブランドがなければ、ミソを買うにも、洗剤を買うにも、毎日、一苦労よ。とても生活が成り立たないわ。

そうだよ。ブランドの本質は、消費者との「約束」なんだ。この社会は、「約束」で成り立っている。約束がなければ、この社会は崩壊してしまうよ。

もちろんさ。

「ブランド」は、この社会を維持するのに、必要不可欠な、とても大切なものだ。

しかし、それをいいことに、彼らは、そのなかに、こっそり錯覚資産を紛れ込ませて

粉飾決算をやってる。

真実のなかにウソを紛れ込ませることで、巧妙にウソを隠蔽しているのさ。

その点では、「信用」と、まったく構造は同じなんだ。

自分のブランドを持っていない人間のひがみにしか聞こえないな。

そう言われると思ったよ。

ブランドを持っていない人間が、ブランドの負の側面を指摘すると、嫉妬だ、ひがみだ、と中傷されて、**言論を封じられてしまうという構造**がある。

自分のブランドを持っていない人間には、ブランドの欺瞞を指摘する**権利が与えられない**んだ。

こういう本を書くことが許されるのは、自分のブランドを持っている側の人間だけなんだ。

だから、わざわざ「はじめに」で予防線を張っておいたのさ。

あれは、このための伏線だったのか。起業した会社が上場したとか、自分のブログが数百万人に読まれたとか、ただの自慢話にしか聞こえなかったよ。

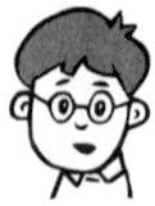

「僕にはブランドがあるから……」が欺瞞なら、じゃあ、どう言えばいいのさ？

簡単だ。

単に、「うまくいったのは、僕に信用／ブランドがあるからだ」などと言わなければいいだけだ。

「錯覚資産があるから、成功した」なら正直だが、「信用があるから、成功した」だと欺瞞になる。

「これは手品です」と言って、人に手品を見せてお金を稼ぐのは、まっとうなビジネスだ。

しかし、「これは超能力です」と言って、手品を見せてお金を稼ぐのは、詐欺だ。


錯覚資産による成功は、トリックによる成功だ。

それをごまかして、自分が立派な人間であるために成功したかのように言うから、醜悪で卑劣なのだ。

＊＊＊

ようやく準備が整ったので、ここで、はっきり表明しておく。

この本は、筆者の錯覚資産を活用して書いている。

たとえば、この本の「はじめに」で、私が起業した会社が上場したことを書いた。

そのせいで、あなたの直感は、無意識のうちに、この本に説得力を感じているはずだ。

「起業した会社が上場までいくなんて、よっぽど優秀な奴に違いない。そんな人間の言うことなら、きっと本当のことなんだろう」って、無意識のうちに思ったはずだ。

あなたに**その自覚はなくても**、実際、そうなっているのだ。

ハッキリ言おう。それは、錯覚にすぎない。
なぜなら、その会社が上場したのは、ほとんどが、運によるものだからだ。

運よく、時代の波に乗れたからだ。
運よく、優秀な人間と一緒に起業することができたからだ。
運よく、優秀な人材を採用することができたからだ。
運よく、優秀な人間が経営陣にジョインしてくれたからだ。
運よく、ヒット商品が出たからだ。

私自身は、たいして優秀な人間ではない。
これは、謙遜ではない。
ただの事実だ。

そもそも、起業した会社が上場したことと、その人の発言内容の正しさに、なんの関係がある？

「この人の起業した会社は上場した。だから、その人の言っていることは正しい」

この「だから」は、まったく論理的ではない。この前提から、この結論は導けない。

こんなもの、ハロー効果以外の、なにものでもない。

しかし、これが錯覚だとわかっても、私の言っていることが正しいかのように聞こえる感覚は、抜けないはずだ。

それが、**思考の錯覚の魔力**なのだ。

頭では、「直感が間違っている」ということを理解しても、直感は、「直感が間違っている」ということを認識できないのだ。

直感は、「実際に正しいこと」ではなく、「直感的に正しいと思える間違ったこと」が、正しいとしか思えないのだ。

だから、**錯覚資産は、それが錯覚だとばらしてしまっても、効果が消え**

ないのだ。

＊＊＊

錯覚資産は、卑怯な武器だ。

それをこの地上からなくすことができたら、ずいぶんとフェアで風通しのいい世界になるのではないかと思う。

しかし、この世界では、錯覚資産の使用は、まったくと言っていいほど、取り締まられていない。

大量の錯覚資産を持つ者が、

「ヒャッハー！　汚物は消毒だあ〜」

と、錯覚資産を持たざる者たちを蹂躙《じゅうりん》しても、誰もそれを非難しようとはしない。

なんで？

いくら錯覚資産を使いまくって、卑怯な勝利を手にしても、ほとんどの人は、それが使われたことに気がつかないからだ。

人類が、長い間、この世界の95％を占めるダークマターとダークエネルギーの存在に気づかなかったように、ほとんどの人は、社会の力学的構造のかなりの部分を占める錯覚資産の存在に、気づかないのだ。

思考の錯覚は、**自覚できない。**

だから、錯覚資産は、目に見えない武器となる。

「レーダーに映らない」という特性が、ステルス戦闘機を極めて優秀な兵器にしているように、

「自覚できない」という特性が、錯覚資産を、極めて優秀な武器にしているのだ。

錯覚資産は、いわばギュゲスの指輪（そうなりたいときに人から見えない体になれる魔法の指輪。つまり、悪事をしても決して露見しないようになれる魔法の指輪）なのだ。

だから、この世界では、誰もが錯覚資産という武器を駆使して、万人の万人に対する闘争を繰り広げている。

もちろん、自分だけは、できるだけ錯覚資産を使わずに生きていくのもいい。

しかし、それをするなら、人生がうまくいかなくなることを覚悟しなければならない。

正義のヒーロー、デビルマンも、悪魔の力を身につけなければ、悪魔に対抗できなかった。

誰もが錯覚資産という悪魔の力を駆使しているこの世界では、
錯覚資産なしには、自分の人生の活路を切り開くことはできないのだ。

運ゲーで運を運用して勝つ方法

成功するためには、錯覚資産が必要なことはわかった。
でも、錯覚資産を手に入れるには、成功する必要があるよね？
ニワトリと卵なのでは？

そう。ジレンマだよね。
どうすれば、このジレンマを解決できるのか？

一番簡単なのは、「確変」が入るまでは、小さく賭けることだ。

「確変」というのは、「確率変動」の略だ。パチンコなんかで、特定の場所に球が入ると、一定期間、当たる確率が急上昇するやつだ。

ひとたび確変が入ったら、確変が続いている間は、ひたすら全力で打ち続けたほうがいい。

当たる確率が高いときを狙って、全力で投資するのだ。

まずは、いろんなことに、小さく賭ける。ハロー効果が得られそうな仕事や役割に手を上げ、いろいろチャレンジしてみる。チャレンジして成功するかどうかなんて、運次第だから、たくさんチャレンジするしかない。サイコロで当たりを出すのに一番効果的な方法は、たくさんの回数、サイコロを振ることだからだ。

そして、たまたま成功して、ハロー効果を手に入れられたら、そのハロー効果を使って、よりよい環境を手に入れる。

注意が必要なのは、ハロー効果には、射程があるということだ。

具体的な数値を伴う成功は、射程が長い。

たとえば、

「半期で1・5億円売り上げました」

「クラウドファンディングで、5千万円を獲得しました」

「ユーザ数が43％増えました」

「300万人のアクティブユーザがいるサービスのサーバを運用していました」

「フォロワー数が4ヶ月で40％増えました」

「この改善で、画面の表示速度を7・6倍にしました」

などなど。


数字というのは、瞬時にハロー効果を生じさせる。

今初めて会った人に対してまで、威力を発揮する。それが実力を伴ったものでなくても、ハロー効果によって、なんでもよいほうに解釈され、実力が底上げされて見える。
さらに、数値というのは、印象に残りやすい。したがって、「思い浮かびやすく」なる。
そのため、資産価値の高い錯覚になるのだ。
だから、具体的な数字が作れそうな案件は、積極的に引き受けたほうが得なのだ。とくに、「こんなん、誰がやっても数字が出るだろ」というような、勝ち馬に乗れる案件は、おいしい。それが実力によるものでなくても、なんだかんだで、ハロー効果は生じてしまうからだ。

また、講演をしたり、本を書いたりするのも、ハロー効果を作り出すのに効果的だ。

本を書くことは、その労力に比べると、得られる報酬はあまりにも少ない。時給換算すると、コンビニのアルバイトのほうが、よっぽど割がよかったなんてこともある。

しかし、錯覚資産の獲得手段としては、本の執筆は、投資効果が高い。とくに、自分のプレゼンスが上がるような本を書くと、効果がある。たとえば、背景イラストのプロフェッショナルである、よー清水さん（@you629）という方は、イラスト技法書を書いてから、依頼される仕事の**質**が変わったとおっしゃっていた。

私も、プロ向けの本格的な技術書を、翻訳・監訳・著作したことで、人脈の**質**が変わった。強力な人たちの評価を獲得し、起業がうまくいった。また、日本や海外で講演したときは、その直後、あちこちからたくさんのヘッドハントの電話やメールや手紙が来るようになった。

これは、ようは、わらしべ長者の戦略だ。まずは、小さなハロー効果を手に入れる。その小さなハロー効果をテコにして、もう少し大きなハロー効果を手に入れる。これを繰り返して、やがてすごく大きなハロー効果を手に入れる。

私も、最初から翻訳・監訳・著作の依頼があったわけではない。最初は、「エンジニア同士の勉強会に参加する」という、誰でもできる、極めてささやかなアクションから始めた。そこで、いろいろ交流しているうちに、他のエンジニアから、雑誌記事を書く仕事を回してもらった。わらしべを手に入れたのだ。

生まれて初めて書いた記事だったが、それをきっかけに、いろんな雑誌から、芋づる式に雑誌記事の依頼が来るようになった。そして、それがさらなる思考の錯覚を生み、今度は書籍の翻訳の仕事が来た。自分の得意とする技術分野の洋書を翻訳する仕事だ。それがうまくいくと、今度は、監訳の仕事が来た。それを繰り返しているうちに、人脈も増えて、結局、起業することになったわけだ。

単に、知り合いを増やすだけでは、なかなか人脈は太くならない。単に知っているだけの人だと、いざというときに、なかなか声をかけてもらえないからだ。声をかけてもらうには、どうしたって、ハロー効果が必要なのだ。

よくわからないけど、あいつは、あんなすごそうな本の翻訳・監訳・著作をやっている。国内外で講演もやっている。よくわからないけど、きっと、すごい奴に違いない。そんな風に考えて動く人が、非常に多いのだ。

ほとんどの人は、本当の実力など、わかりはしない。1時間や2時間の面接で、実力がわかるなどと思うのは、かなりの部分、思考の錯覚だ。ほとんどの人は、本当の実力ではなく、思考の錯覚で人を判断する。しかも、自分が思考の錯覚で判断しているという自覚がない。

また、もう1つの重要な点は、「自分には、本当に才能があるのか?」と悩むことに時間を使うことをやめる、ということだ。

・本書では、「才能+スキル=実力」という定義で、才能、スキル、実力という言葉を使っている。

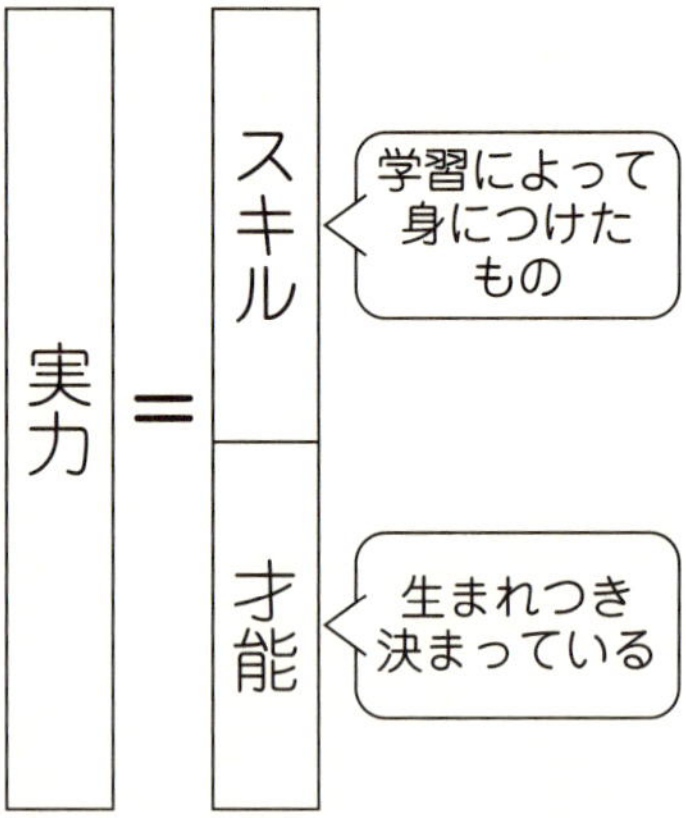

・実力のうち、生まれつき決まっているものを「才能」、後天的な努力で身につけられるものを「スキル」と呼んでいる。

多少は「才能はあるのか？」も考えたほうがいいが、成功の要因としては、才能よりも運や思考の錯覚のほうが大きいので、「自分には、本当に才能があるのか？」と不安がってエネルギーを消耗するのは、投資効果が悪すぎるのだ。

そもそも、**才能があるかないかなんて、自分にも他人にも、そうそう見分けはつかない。見分けがつくと思っているのは、だいたい思考の錯覚だ。**結果的にヒットしたら、「もともと才能があったからヒットしたのだ」と知覚され、結果的にヒットしなかったら、「才能がなかったからヒットしなかったのだ」と知覚されるだけだ。

未来のヒットが、過去にさかのぼって、現在のあなたの才能のあるなしを書きかえるのだ。

本当に「才能」なるものがあるとしても、それがあなたの中に埋まっているかどうかは、運でしかない。金脈掘りと同じだ。**掘ったら金が出るかどうかが運なように、やってみて才能があることがわかるかどうかも運**なのだ。

なので、自分に才能があるかないか？　を悩む時間があったら、その時間を、単純に、試行回数を増やすのに投資したほうが、はるかに成功確率が高くなる。悩んでる暇があったら、1回でも多くサイコロを振ろう。これは**運ゲー**なので、悩んで悩んで悩みまくってサイコロを振ったって、悩んだほどには、いい目が出る確率が高まったりはしないのだ。

また、成功者のツイートやブログや本を読んで成功法を研究するのは、多少はやったほうがいいが、それに時間を使いすぎると、逆に成功確率は下がる。

注意しなければいけないのは、成功者は、**「自分のやり方が正しかったから成功したのだ」というフリをしたほうが、圧倒的に得**だということだ。

もし、成功者のやり方が正しかったために起業に成功したのであれば、多くの人は、その成功者とビジネスをしたがるだろうし、人材を集めるのも楽になる。なぜなら、「この人間は再現性のあるビジネスの成功方法を知っているだろうから、そういう人間と組んでビジネスをすれば、成功する確率が高い」と人々が思うからだ。また、その成功者から、成功法を学ぼうとする若くて優秀な人材をどんどん集めることができる。

返す返すも忘れてはならないのは、「最初の起業と、成功者の2回目以降の起業では、成功確率がぜんぜん違う」という点だ。ひとたび成功した人が、何度も成功するのは、**「その人のやり方が正しかったから」ではなく、「『その人のやり方が正しかったから』だ、と人々が錯覚するから」**なのだ。

こういう理由で、成功者の語る成功法の中には、思考の錯覚による迷信が、たくさん含まれている。たしかに、なかには、非常に有益な情報を提供してくれる成功者もいるが、それは、その人が成功者であることとは、あまり関係がない。成功者によっては、単なる生存者バイアスとしか言いようのない迷信を自信満々に垂れ流している人も、たくさんいる。

そんな迷信をいくら実践したところで、あなたの成功確率はたいして上がらない。むしろ逆に下がる。そんなものに時間を使うより、シンプルに、**サイコロを振る回数を**

増やすことに時間を使ったほうが、断然、成功確率は高くなる。

ミソは、これは運ゲーだけど、**「当たると、当たる確率が上がる運ゲー」**だというところだ。だから、いきなり大きく賭けるのは、損なのだ。どうせ大きく賭けるなら、**当たりが出て、確変が入ったときに、大きく賭けたほうが、はるかに勝率が高くなる。**

これは**運ゲーだが、運任せにしては、勝てない運ゲー**なのだ。**運ゲーであるという現実を直視**し、シビアに**運を運用**して、成功確率を高めたプレーヤーが圧倒的に有利になる運ゲーなのだ。

いや、でも、現実問題として、なんだかんだで、優秀だった奴は、だいたい成功しているよ？　優秀なのに成功しなかった奴ってのは、ほとんど見ない。やっぱ、彼らは、運なんかじゃなく、優秀だから成功したんじゃないの？

なるほど。

私もそう思う。

次は、その点について、見てみることにする。

ふろむだ
@fromdusktildawn

優秀な人間が運に左右されずに成功する理由

1972年、アメリカのニクソン大統領は、中国とソ連（当時）を訪問した。

この訪問の直前に、ある調査が行なわれた。

このアンケート用紙には、「この訪問によって、起こりうること」が15個、並んでいる。

回答者は、それぞれが起こる確率を推定し、記入する。

これには、たとえば、次のような項目が含まれていた。

- **毛沢東は、ニクソンとの会談に応じる。**
- **アメリカは、中国を承認する。**
- **数十年にわたり反目しあっていた米ソが、なんらかの重要事項で合意に達する。**

そして、この訪問が終わった後、同じ回答者に、「自分がそれぞれの項目に対して推定した確率」を思い出してもらった。

すると、回答者は、**「実際に起きたこと」については、「そうなると思っていた」**と実際よりも確率を高く見積もり、**「起きなかったこと」については、「そんなことは起きそうにないと思っていた」**と実際よりも確率を低く見積もったのだ。

なんだその、ひどい後知恵は！
結果が出てから、「最初からそうなると思ってました」とか言うんじゃねーよ。
卑怯だろ。

まあ、そう思うよね。

しかし、彼らは、後知恵や結果論で、そんなことを言ったわけではないのだ。

「その自覚は、彼らにはない」という点こそが、この話のミソなのだ。

彼らは、ウソつきではない。

なぜ、彼らがウソつきでないのかというと、彼らの「意識」がウソをついていないからだ。

彼らの「意識」は、単に記憶から情報を取り出し、それをそのまま、正直に答えただけだ。

結果的にそれが誤った回答になったのは、彼らの「無意識」が、「意識」の知らないところで、彼らの**記憶を書きかえて**しまっていたからだ。

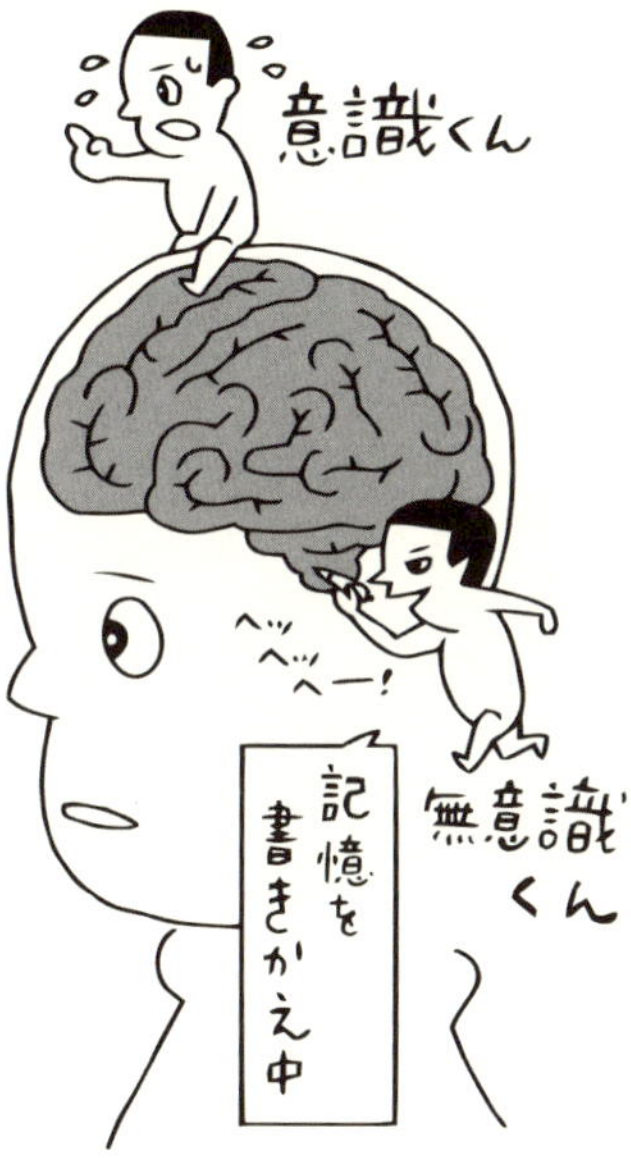

彼らはバカでもない。

非常に知能が高く、賢く、有能な人でも、同じことが起きる。

なぜなら、単に、生物としての人間のハードウェアとソフトウェアが、そういう構造になっているからだ。

頭のよさとは関係なく、そういう仕様のシステムだから起きるだけなのだ。バグではなく、仕様なのだ。

なにかが起きると、あなたの「無意識」は、あなたの「意識」の知らないところで、**「自分は、あらかじめそれが起きることを予測していた」と、自分の記憶を書きかえる**ような作りになっているのだ。

人間の脳は、まるでコンピュータのように、起きたことをそのままメモリに書き込むわけじゃない。

コンピュータがメモリからデータを読み出すように、記憶を思い出すわけでもない。

実際には、脳は、コンピュータとは、かなり作りが違う。

我々が過去の記憶だと思っているものは、過去の記憶とは別のなにかなのだ。

進化の歴史の中で、過去を正確に記憶している個体が生き残ったのではなく、生存確率を上げるのに有利になるように過去の記憶を書きかえるような個体が生き残ったのだ。

我々は、そういう個体の子孫なのだ。

もう1つ、研究を紹介しよう。

アメリカのミネソタ州ダルース市で、河川が氾濫し、大洪水が起きた。

ひどい被害が出て、市の責任を問う声が高まった。

河川の流量や堆積状況をきちんと監視していれば、こんなひどい被害にはならなかったはずだ云々《うんぬん》と批判された。

この事件をよく知らないカリフォルニア州の大学生に、次のような質問をした。

・ダルース市は、専任の河川監督官を雇う費用を負担し、河川の流量や堆積状況を常時監視すべきか？

第一のグループには、市が決定を下した時点でわかっていた情報だけを伝えて、回答してもらった。

すると、「雇うべき」と答えた人は、**24％**にとどまった。

第二のグループには、実際に大洪水が起きたことを知らせると、後知恵で判断しないように念を押したにもかかわらず、**56％**が「雇うべきだった」と答えた。

つまり、**書きかわるのは記憶だけじゃない**ということだ。

あなたの**「冷静で客観的な判断ロジック」も、あなたの気がつかないうちに、書きかわっている**のだ。

5年前に、自分が「未来の自分や世界のこと」をどう考えていたか、思い出してみてほしい。

思い出した?

それ、たぶん、**偽の記憶**だ。

この記憶の書きかえは、「自分は、未来をだいたい予想できる」という錯覚を作り出す。

人間には、**「いつも、未来は、概ね自分の予想するようになってきた」**という漠然とした感覚がある。

この記憶の書きかえのせいで。

なので、みんな、**「今後も、未来は、概ね自分が予想するとおりになっていくだろう」**って漠然と思ってる。
無意識のうちに。

いや、ちょっとまって。

なに？

記憶の一部だけを書きかえたら、他の記憶と矛盾しちゃわない？
たとえば、あまり優秀でなかった人が成功して、「私は『この人は成功する』ってもともと思っていた」って記憶が書きかわったとするよね。
その場合、「その人があまり優秀でなかった」という記憶と、

「私は『この人は成功する』ってもともと思っていた」っていう記憶が、矛盾するようになっちゃう。だって、あまり優秀でない人を見て、「この人は将来成功する」って、普通は思わないでしょう？

もし、そんな記憶の矛盾が起きたら、普通は気づくよね？

うん。

でも、実際には、誰も気づいていない。

ということは、記憶に矛盾は起きていないってことか。

記憶が書きかえられているのに、記憶が矛盾しないのは、なぜだ？

論理的に考えて、原因は1つしかないよ。

それは？

書きかえられた記憶に関連する記憶がすべて、矛盾がなくなるように書きかえられるってことだ。

つまり、「私は『この人は成功する』ってもともと思っていた」って記憶に書きかえられたら、同時に、それと矛盾しないように、「この人は、昔から優秀だった」って記憶に書きかえられる。

そうやって、自動的につじつま合わせがなされるんだ。

だから、矛盾は起きないんだ。

脳というのは、ずいぶん、手の込んだ犯行をするのね。

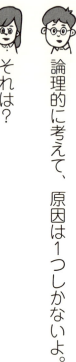

そうなんだよ。

つまり、「なんだかんだで、優秀だった奴は、だいたい成功している」と我々が思っているのは、**「成功した」という結果になると、「その人間は、昔から優秀だった」と記憶が書きかえられる**からなんだ。

そして、**「失敗した」という結果になると、「その人間は、昔からたいして優秀じゃなかった」と記憶が書きかわる**からなんだ。

本当は、優秀なのに失敗した人だって、たくさんいた。

でも、失敗したとたん、あなたの記憶の中で、「その人はもともとあまり優秀な人ではなかった」と書きかわってしまったので、あなたには、その存在が見えなくなっている。

「優秀な人は、だいたい成功する」という経験則は、この記憶の書きかえによって起きる、思考の錯覚だ。

「優秀な人を見て、『この人は成功するだろう』」っていう予測は、外れることも多い。

しかし、記憶が書きかえられることによって、我々は、「優秀な人を見て、『この人は成功するだろう』」という予測が、だいたい当たるという経験則を持つようになるのだ。

「世界5分前仮説」を思い出したよ。

そう。

思考の錯覚の多くは、問題の構造が、世界5分前仮説と同じなんだよ。

「世界5分前仮説」って？

人気アニメ「涼宮ハルヒの憂鬱」でも出てきたから知っている人も多いと思うけど、

「この世界が5分前に作られた」っていう仮説さ。

その仮説は、間違ってるわ。

どうしてそう思う？

だって、私、5分よりも前の記憶があるもの。今朝、牛乳を飲んだこと、覚えてるもん。

その記憶自体が、5分前に作られたのさ。

……なるほどね。その理屈で言うと、1億5千万年前に恐竜が生きていたという証拠が、5分前に作られたことになるな。

138億年前に宇宙が誕生した証拠も、5分前に作られたってわけね。

じゃあ、本当に世界が5分前に作られたのだとしても、誰もそのことに気がつかないってこと?

そうなんだ。

原理的に、気がつけないんだ。

それが、世界5分前仮説のやっかいなところさ。


「無意識」が記憶を書きかえると、それと、構造的に同じことが起きる。

Aさんが起業して成功すると、「Aさんは10年前から優秀だった」という記憶が作られる。世界が5分前に作られたことに誰も気がつかないのと同じで、「Aさんが10年前から優秀だった」という記憶が半年前に作られたというのに、誰もそれに気がつかない。

まるでSFね。

幸か不幸か、これはSFなんかじゃなく、現実そのものだ。

記憶の書きかえは、日々、起きている。

あなたの脳の中では、無意識くんが、あなたの知らないうちに、あなたの記憶を、日々、書きかえているんだ。

思考の錯覚は、「世界5分前仮説」と違って、仮説じゃないよね。

なんでそんなことが言えるの？

だって、証拠が残るじゃん。

そう。

本当に世界が5分前に作られたのだとしたら、なんの証拠も残らない。

だから、実際に世界が5分前に作られたのかどうか、誰も確かめようがない。

けれど、無意識が記憶を書きかえたかどうかは、科学のレンズで見てみれば、明らかになる。

記憶の書きかえが起きることは、心理学の実験で確かめられた事実なんだ。

普通に暮らしているだけでは気がつくことはできないけど、科学の力を借りると、それに気がつくことができる。

見えないはずの悪魔を、見ることができるんだ。

ただし、これはあまりにも直感に反する事実なので、これを受け入れられる人は、ほとんどいない。

いくつものエビデンスを突き付けられ、たとえ一時的に納得したとしても、少し時間がたつと、無意識のうちに、居心地のいい、元の思考の錯覚の泥沼の中に戻ってしまう。

これ自体は、どの思考の錯覚についても同じだが、「運の思考の錯覚」の場合、さらに輪をかけて受け入れるのが難しい理由がある。

いったい、なぜ、我々は、「成功が、運で決まる」という現実を、**そんなにも認めたくない**のだろうか?

次に、それについて見ていくことにする。

食欲でも睡眠欲でもない、性欲よりもはるかに切実な欲望

ある実験で、老人ホームの老人に、観葉植物を配った。

老人のうち半数では、職員が観葉植物の世話をした。
残りの老人は、自分で観葉植物の世話をした。

6ヶ月後。
職員が観葉植物を世話した老人の30%が死亡していた。

一方で、自分で観葉植物の世話をしていた老人のうち、死亡したのは15％にとどまった。

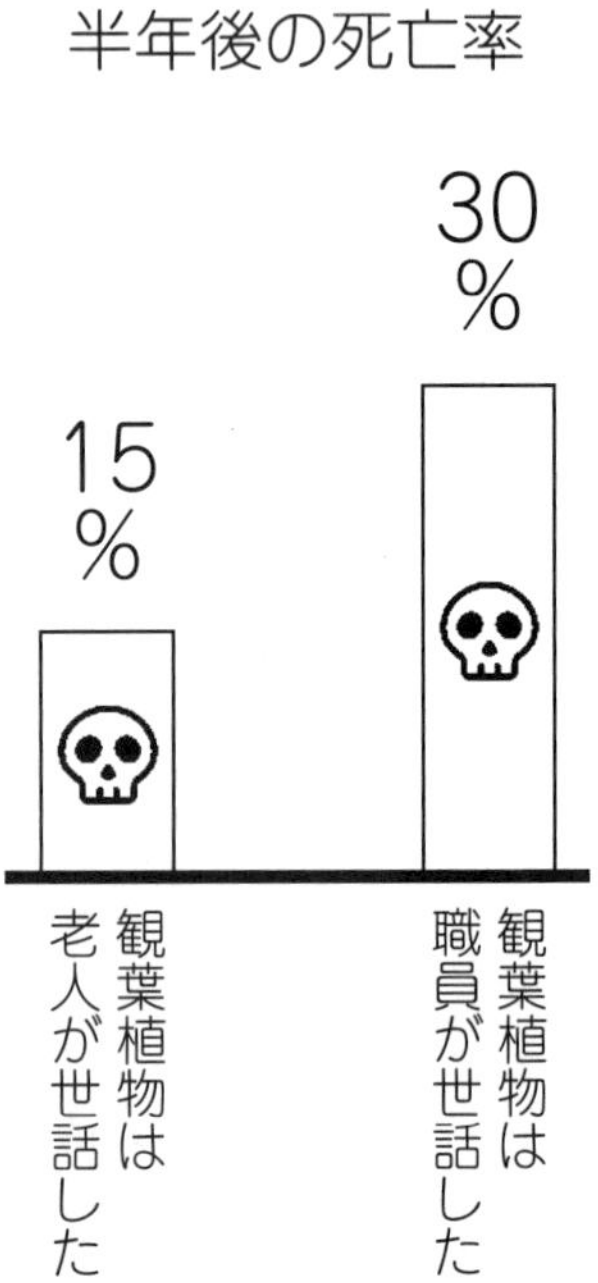

自分で観葉植物の世話をすると、生存率が劇的に上がる、という結果になったのだ。

自分で植物に水をやり、手入れをすると、なぜ、そんなに生存率が高まるのだろうか？

もう1つ、別の実験を見てみよう。

その実験では、老人ホームの老人を、学生ボランティアが何度か訪ねた。

半分の老人は、その学生ボランティアが訪問する日時を、その老人が決めた。
残りの半分の老人は、自分では日時を決められなかった。

2ヶ月後。
日時を自分で決められた老人は、そうでなかった老人に比べて、より幸せで、健康で、活動的で、薬の服用量が少なかった。

この時点で研究者は研究を終了し、学生ボランティアの訪問も終わった。

その数ヶ月後、学生ボランティアの訪問日時を自分で決めた老人の**死亡数が極端に多い**と知らされ、研究者は愕然とすることになった。

この2つの実験に共通するものは、なんだろうか？

これらは、なにを調べるために行なわれた実験なのだろうか？

これらは、**「自分で物事をコントロールする」ということが、心身にどのような影響を与えるか**を調べる研究だった。

観葉植物に、いつ、どれだけ水をやるか？

枯れかけた葉っぱを、いつむしるか？

いつ、どれだけ、日に当てるか？

それらを自分でコントロールするということが、心身にどのような影響を与えるのか？

結果、観葉植物の世話をコントロールできた老人の生存率は、劇的に向上するということがわかった。

学生ボランティアに訪問してもらう日時を自分でコントロールできるということが、心身にどのような影響を与えるのか？

結果、訪問日時をコントロールできた老人の幸福度、健康度、活動量が上がることがわかったのだ。

しかも、**ひとたびコントロールできた老人は、そのコントロールを失うと、酷《ひど》く死にやすくなる**ことがわかったのだ。

この「コントロール感」の研究は、さまざまな形で行なわれており、それらの研究を通じてわかったのは、次のようなことだ。

・**人間は、コントロールしたいという、強い欲求を持っている。**
・**コントロールできると、より幸せで、健康で、活動的になる。**

たとえば、完全に運だけで決まるギャンブルをやったとする。

その場合、多くの人は、相手が有能そうなときより、相手が無能そうなときのほうが、高い金を賭ける傾向がある。

完全に運だけで決まるギャンブルなんて、相手が誰であろうと関係ないはずだ。

なのに、多くの人は、掛け金をコントロールすることで、勝率を高めようとしてしまうのだ。


あるいは、多くの人は、スポーツを、録画よりもリアルタイムで見たがる。

テレビに向かって、そこだ！　行け！　入れ！　と思いながら見るのが楽しいのだ。

でも、テレビに向かってあなたがなにを念じようとも、**あなたの念力で、シュー**

トが入る確率が高くなったりはしない。

それでも、多くの人は、テレビを見ながら、ついつい、ボールの軌道をコントロールしようとしてしまうのだ。

もっとわかりやすい例は、**雨ごい**だろう。

人類は、数千年もの間、神様に祈ることで、雨を降らせられると信じてきた。

実際には、いくら祈っても、気象はコントロールできない。

そんなの、**数十年も試せば、わかりそうなもの**だ。

なのに我々は、数千年もの間、気象をコントロールできると信じ続け、コントロールしようとし続けたのだ。

コントロールできないものをコントロールできるという幻想の中で、数千年もの間、気が遠くなるような数の人が、生まれ、育ち、恋をし、子供を作り、子供を育て、年老いて、死んでいったのだ。

雨ごいをする人々を見て笑う人々は、雨ごいをする人々よりも、もっと滑稽だ。

なぜなら、**ほとんどの人は、21世紀においても、日々、雨ごいと同じことをやり続けている**からだ。

100年後の人々は、我々の日々の生活や仕事のやり方を、雨ごいをする中世の人々を見るような目で見るだろう。

我々は、より効率よく生きるために、コントロールしようとするので

は、ないのだ。

コントロールしたいから、コントロールしているのだ。

コントロール欲求は、食欲や、性欲や、睡眠欲と同じぐらい、基本的な欲求なのだ。

「『コントロールできないもの』をコントロールしているという幻想に浸ること」は、「自慰」や「避妊しての性交」によく似ている。

「自慰」や「避妊しての性交」では、子供が生まれることはなく、性欲だけが満たされる。それと同じように、「『コントロールできないもの』をコントロールしているという幻想に浸ること」では、**実際にはコントロールはできないが、「コントロール欲」は満たすことができる**のだ。

いや、それどころではない。

コントロール欲は、性欲よりも、はるかに切実だ。

性欲は満たされなくても、心身を害することはないが、コントロール欲が満たされないと、心身を害し、死に至ることすらある。

我々にとって、コントロールできないということは、恐ろしい苦痛であり、その苦痛を受け入れるぐらいなら、コントロールできるという幻想の中で生き続けたほうが、よっぽどましなのだ。

成功の原因が、運以外の場合、あなたは、「コントロール」することができる。

「才能」が原因であれば、才能のある人と一緒に組んで起業するという「選択」をすればいい。

選択はコントロールの一種だ。

成功の原因が、ビジネスセンス・マーケティング分析力・マーケット感覚などであれば、もっとコントロールしやすい。

ビジネスセンス・マーケティング分析力・マーケット感覚などを磨けば、成功できるからだ。

努力が原因の場合も、コントロールできる。

単に努力をコントロールすることで、成功できるのだから。

しかし、もし、成功が、単なる偶然によるものだとしたら、あなたは、「コントロール」できなくなる。

それは、あなたにとって、大変な**苦痛**だ。

あなたの健康は阻害され、やる気をなくし、不幸になって、行動しなくなってしまう。

だから、「かなりの部分が運で決まる」などという現実は、どれだけ多くの証拠を突き付けられても、あなたは、認めたくないのだ。

「成功するかどうかはコントロールできない」という現実を直視するよりも、「成功するかどうかはコントロールできる」という幻想の中で生きたほうが、はるかに幸せなのだ。

しかし、**「成功するかどうかはコントロールできる」という幻想に浸れば浸るほど、逆に成功確率は下がっていく。**

なぜなら、**現実が見えていないと、成功確率を下げるような選択をし続けてしまう**からだ。

結局、どちらを選んでも、死亡ルートなのだ。

このジレンマは、どうにもならないのだろうか？

実は、このジレンマの解決策の1つが、前述した「運の運用」なのだ。

たしかに、運はコントロールできない。

しかし、運の運用はコントロールできる。運自体はコントロールできなくても、あなたは、運の運用によって、自分の人生をコントロールできるのだ。

これによって、「成功するかどうかは、かなりの部分運で決まる」という現実を受け入れることができるようになるし、現実というしっかりした岩盤の上に、あなたの人生の戦略を構築していくことができるようになるのだ。

ここまでで、ようやく、実力、運、成功、失敗の関係が整理されてきた。

ただ、これまでの説明では、「実力」についての認識が、まだ甘い。

次は、「実力」について、もう少し掘り下げることにする。

ふろむだ

@fromdusktildawn

なんでも悪く解釈される人とよく解釈される人の違い

認知バイアスに関する、今日の科学的知見の多くは、エイモス・トベルスキーとダニエル・カーネマンという、2人の認知心理学者の業績に負うところが大きい。

この2人は非常にウマが合い、何十年ものあいだ共同研究を行ない、従来の人間観をひっくり返すような、重大な科学的発見の山を築いた。

もはや人間は、それまで人間が思っていたような人間ではないことが、明らかになったのだ。

ダニエル・カーネマンは、その業績を評価され、ノーベル経済学賞を受賞した。

エイモス・トベルスキーも、病気で死んでいなければ、カーネマンと一緒に受賞していたに違いない。カーネマンは、トベルスキーを「これまでに会った中で、一番優秀な頭脳の持ち主」と断言している。

2人の共同研究が軌道に乗り、2人が世界的に有名になるにつれて、トベルスキーはカーネマンを見下し始める。彼は、研究を主導しているのは自分だという態度を取り始めた。これは、カーネマンをひどく傷つけた。

やがてトベルスキーが転移性黒色腫に倒れたとき、トベルスキーはカーネマンにそのことを告げる。カーネマンは、最後まで、トベルスキーと連絡を取り続けたという。

認知バイアスに関する多くの科学的発見の裏側には、こんな、2人の男の友情物語がある。

そのダニエル・カーネマンが、学生の提出した論文を採点していたときのこと。

それぞれの学生は、2本の論文を提出することになっていた。
カーネマンは、最初、次のやり方で、論文の採点をしていた。

つまり、

「ある学生の課題1の論文を読んで採点し、次に同じ学生の課題2の論文を読んで採点し、その後、次の学生の論文の採点に取り掛かる」

というやり方をしていた。

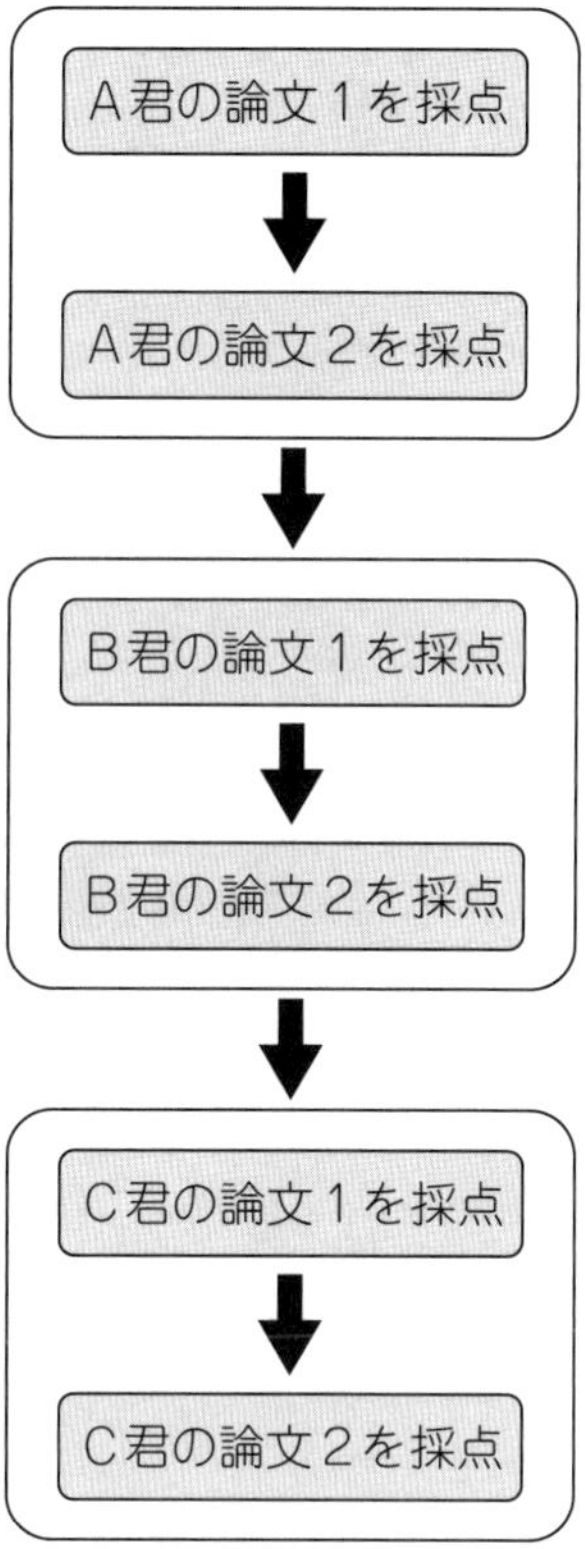

しかし、彼はこの採点方法が妥当なのかどうか、気になった。

そこで、採点のやり方を、次のように変更した。

つまり、「まず、すべての学生の課題1の論文の採点を先に全部やってしまってから、すべての学生の課題2の論文の採点をやる」ようにした。

すると、以前のやり方に比べ、課題1の点数と、課題2の点数が、大きく異なるケースがすごく多くなったのだ。

最初の採点方法のとき、カーネマンの中でなにが起きていたのだろうか？

まず、1つ目の論文が優れていた場合、

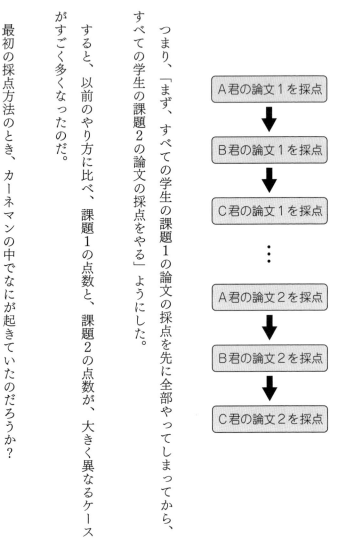

カーネマンの中で「その学生は全体的に優秀だ」という印象が形成される。
いわゆる、ハロー効果だ。

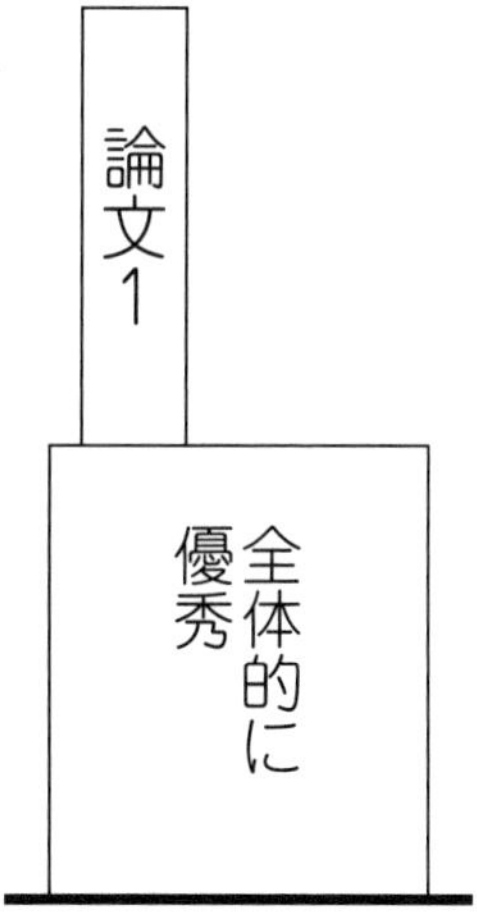

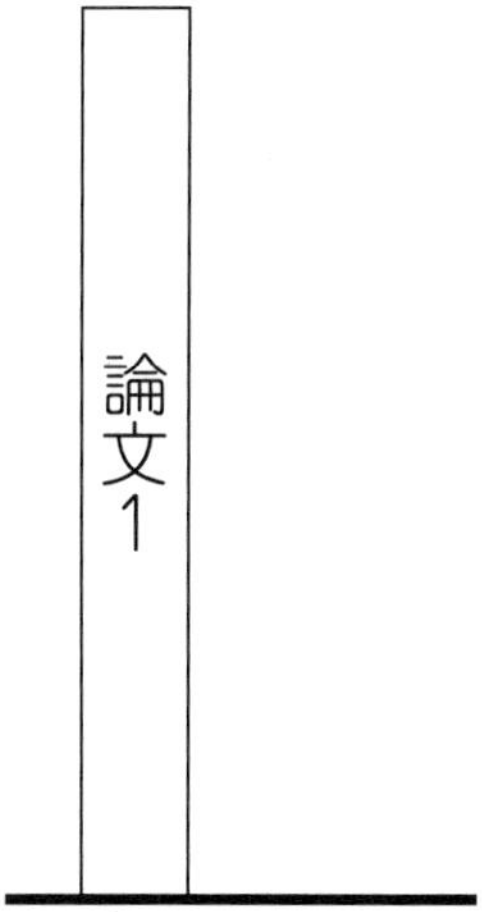

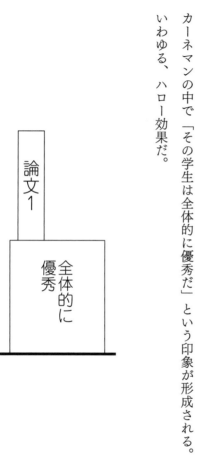

そして、その直後に、同じ学生の論文2を採点すると、**曖昧な主張や、意味のわからない表現があっても、「優秀な学生の書いた論文なんだから、なにか意味があるんだろう」などと、無意識のうちに、好意的に解釈してしまう**のだ。

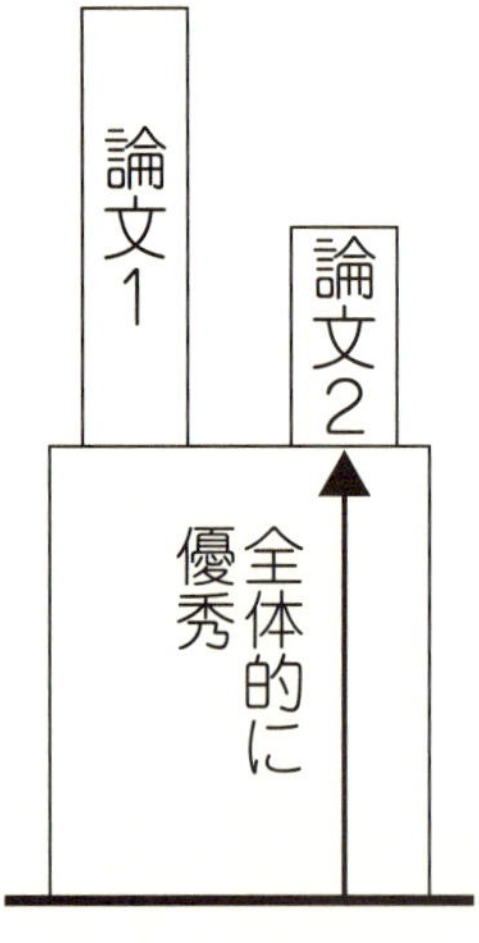

逆に、1本目の論文がダメだと、

「その学生は、全体的に無能」だという印象が形成される。
これもハロー効果だ。

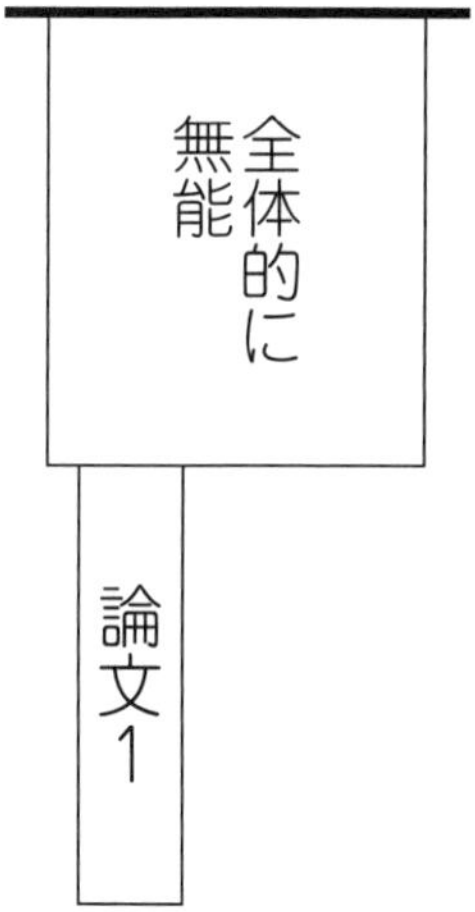

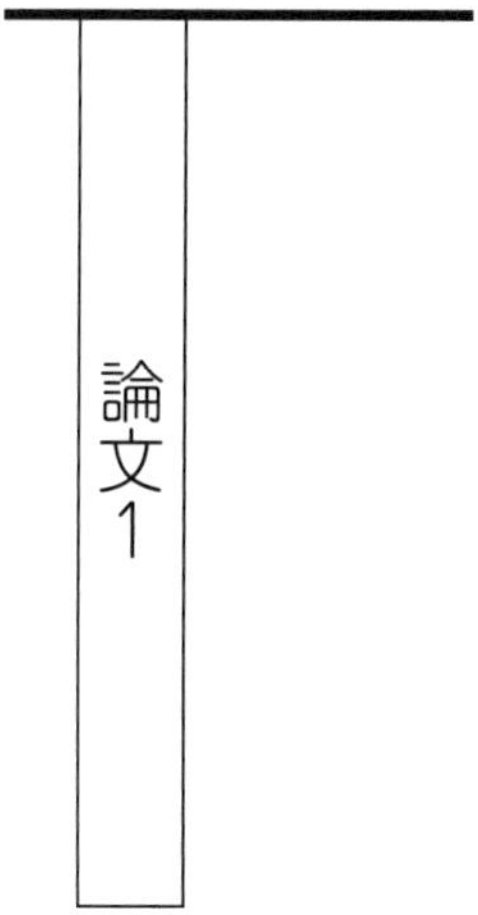

そうなると、２本目の論文の**ダメなところは、手厳しく減点される**ので、
たとえ2本目の論文がそこそこよかったとしても、

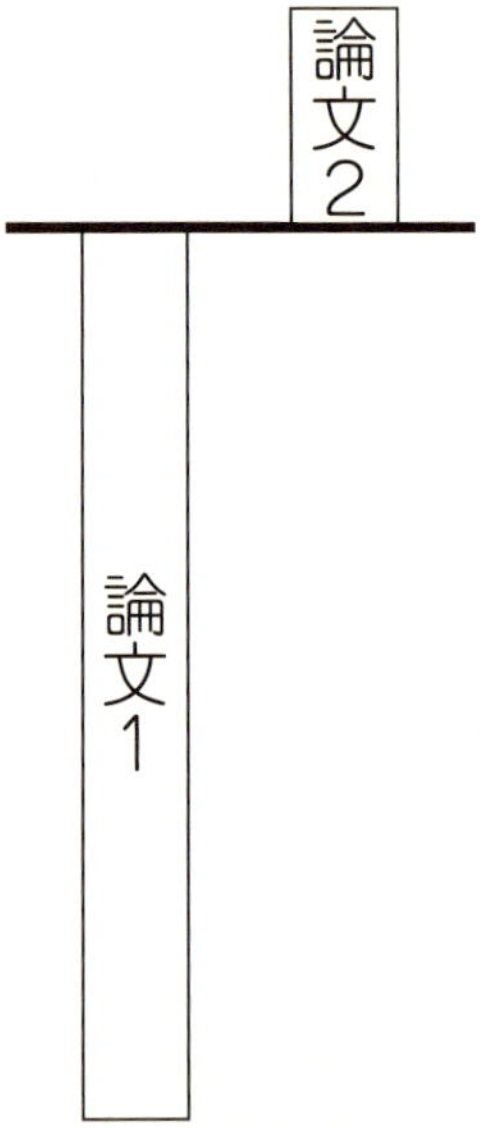

2本目の論文もダメだということにされてしまう。

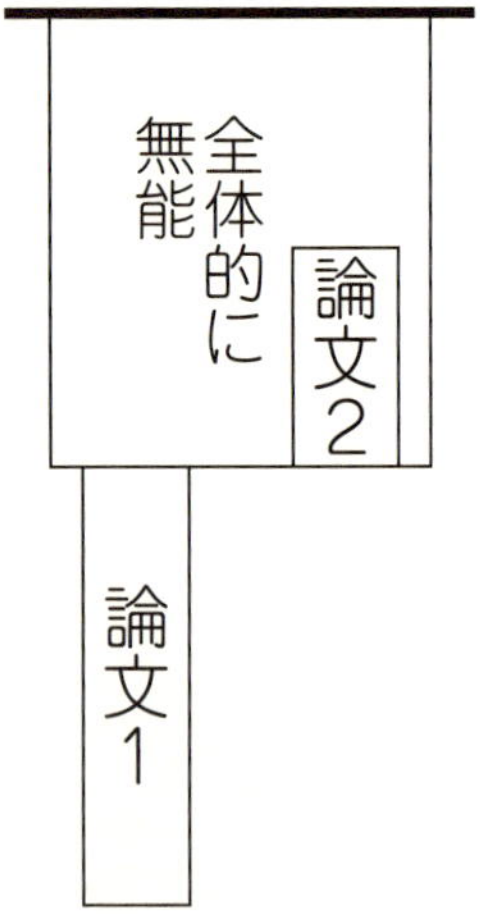

実力は、「全体的な優秀さ」の一部として認識されているので、実力についても、同じような思考の錯覚が発生する。

たとえば、あなたが漫画家志望で、あなたの作品の1つが高い評価を受けたとする。
自分でも、本当に素晴らしい作品だと、ほれぼれしている。

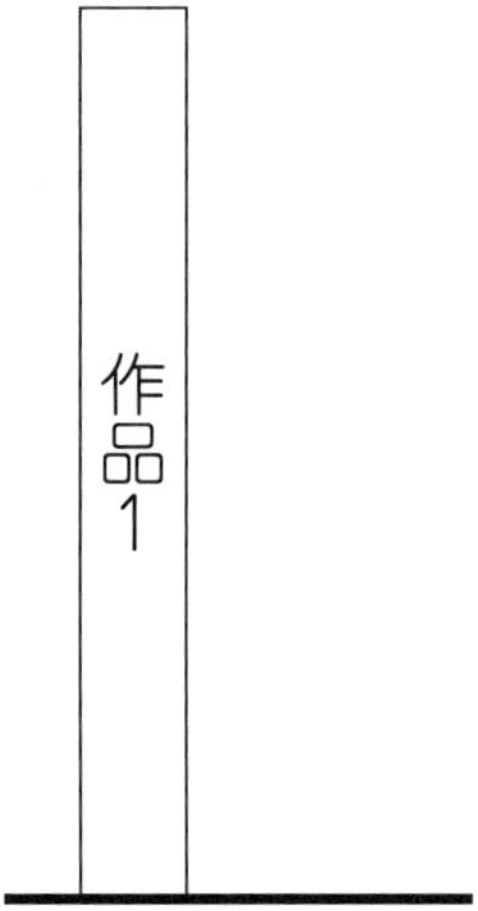

そうすると、あなたは、**「自分には実力がある！」**って思う。
おれすげええええええ！　って思ったりする。

そして、こういう風に考える。

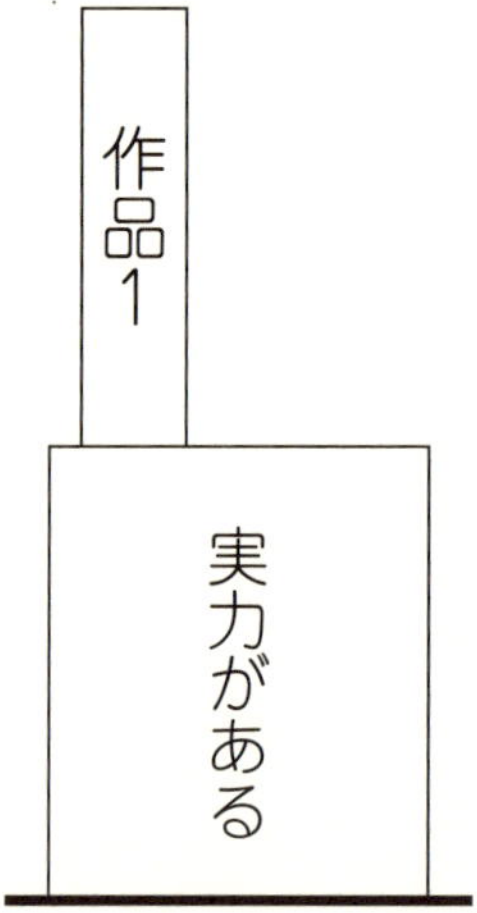

「実力があるから、自分がこれから作る作品も、いい作品になるだろう」と予測するわけだ。

でも、これは、かなりの部分、ハロー効果によるものだ。

実際には、サンプル数1のデータからは、ほとんどなにも言えない。

一発屋って、珍しくないよね。一発だけヒット曲を出して、あとは鳴かず飛ばずって歌手は、珍しくない。

一発だけ漫画でヒット作品を出して、それ以降はさっぱりな漫画家もいるね。

そう。いい作品を1つや2つ出したからって、その人に実力があるかどうかなんて、まだぜんぜんわからない。にもかかわらず、ハロー効果のせいで、それだけで、その人に実力があるように錯覚してしまうんだ。

この錯覚には、「少数の法則」という認知バイアスも関わっている。

1974年にサイエンス誌（Vol.185, Issue 4157）に掲載されたダニエル・カーネマンとエイモス・トベルスキーの書いた論文「不確実性下における判断－ヒューリスティックスとバイアス」の中で、次のような指摘がある。

偶然性を誤解するのは、統計的に無知な被験者だけではない。経験豊富な心理学者の統計的直感を調査したところ、「少数の法則」と呼ぶべきものが根強く信奉されていることが判明した。少数の法則とは、ごく小さな標本であっても、それを抽出した元の母集団をよく代表しているとみなす考え方である。研究者のこうした姿勢は、母集団に関して有効な仮説は、標本サイズにほとんど無関係に、標本の中に統計学的に有意な結果として表れるはずだ、という期待を反映している。こうして研究者は小さい標本で得られた結果を過信し、そうした結果の再現性を大幅に過大評価しがちになる。

（出所：ダニエル・カーネマン著、村井章子訳『ファスト&スロー』（ハヤカワ文庫 下巻 付録A）

専門家ですら、「大幅に過大評価」しちゃうのか。じゃあ、素人なんて……。

だよね。

A／Bテストをやるとき、数百サンプルぐらいじゃ、まだまだAとBが逆転する可能性があるから、データを信用しないよね。だいたい、1万サンプルぐらい集まって、はじめて、白黒ついたって、みんな思うよね。

たしかに。なのに、自分のことに関しては、1回や2回成功したくらいで、実力があるって思いこんじゃうのは、どうしてだろうね。

もちろん、実際に10本の作品を作って、その作品がことごとくすごかったら、あなたに実力がある可能性は、けっこう高いだろう。しかし、1つや2つの作品の出来がよかったからといって、あなたが今後作る作品の出来がよいかどうか（実力）など、たいして予測できない。

にもかかわらず、人間は、１つや２つの作品のレベルから、その作者の他の作品のレベル（＝実力）を予測できると思いこんでしまうんだ。

だとすると、逆も言えるんじゃない？

そう。あなたの作った作品が、さんざんに酷評されたとする。

自分でも、ダメな作品だな、と思ったとする。

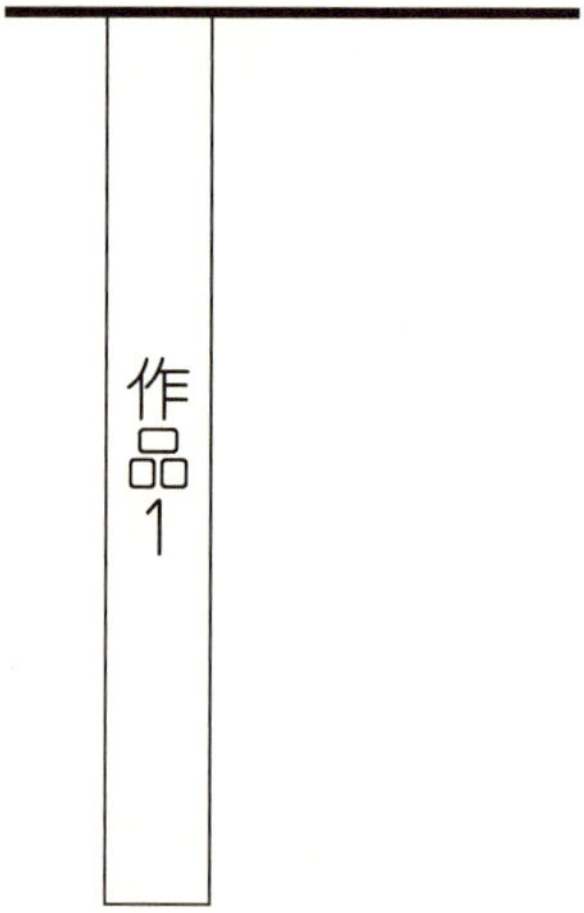

そうすると、あなたは、「**自分には実力がない**んじゃないか」って思って、落ち込んだりする。

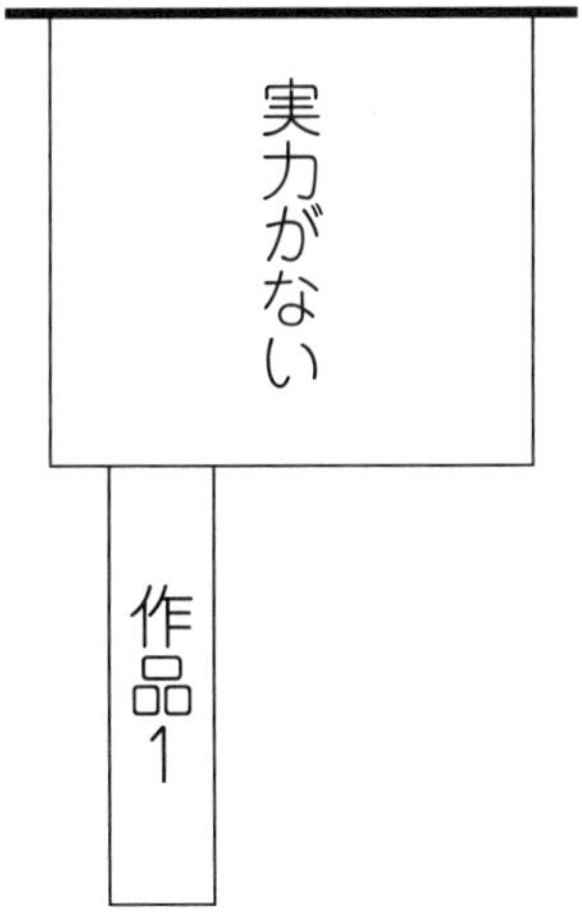

しかしこれは、錯覚に過ぎないのだ。
実際には、n＝1のデータからは、ほとんどなにも言えない。
もちろん、これは、漫画に限った話じゃない。
「自分には、実力があるから、○○してもうまくいく」という認識には、多くの場合、思考の錯覚がかなり多く含まれている。

「自分には、実力があるから、転職してもうまくいく」

という考えにはたいてい多量の思考の錯覚が含まれているし、

「自分には、実力があるから、起業してもうまくいく」

というのにも、たいてい多量の思考の錯覚が含まれている。

自分には実力があると思いこんで、自信満々に玉砕した人なんて、うじゃうじゃいる。

夢のない話だなぁ。

いや、これの逆バージョンもあるんだ。

「自分には、実力がないから、転職してもうまくいかない」

と思って、今の職場に我慢して居続ける人がいるけど、
それにも多くの場合、思考の錯覚が多量に含まれているんだ。

「自分には、実力がないから、起業してもうまくいかない」

と思って、起業をあきらめちゃう人がいるけど、

それも思考の錯覚の産物であることが多いんだ。

夢のある話だなぁ。

あんた、ころっと意見を変えるわね。

じゃあ、どうすればいいわけ?

重要なのは、人間には、「実力」という要因を、プラス方向であれ、マイナス方向であれ、**「大幅に過大評価」**してしまう認知バイアスがあるということだ。

実際の成功・失敗は、あなたが思っているよりも、はるかに、「実力以外の要因」で決まっている。

誰がどう見ても明らかに無能、もしくは、誰がどう見ても明らかに有能でもない限り、実力という要素の影響力を、自分が思っているものの半分くらいに見積もったほうがいい。

なるほど。やっぱり、明らかに無能な奴は、今の会社にしがみついていたほうがいいということだな。

その考え方も、危うい。
次は、それについて見てみよう。

ふろむだ
@fromdusktildawn

ダメな奴はなにをやってもダメという呪いの正体

たとえば、会社ＡのポジションＡ１で、すごいパフォーマンスを出している人がいたとする。

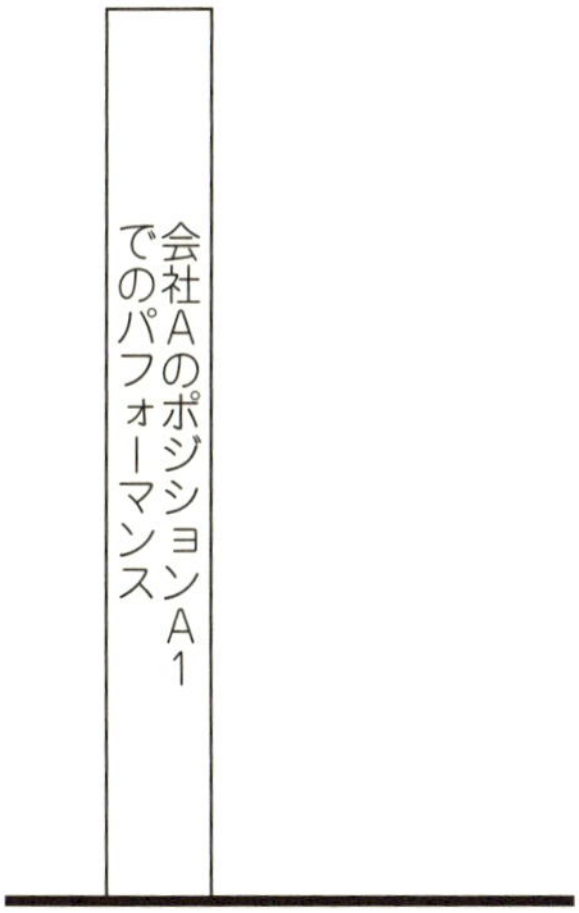

この場合、**「彼は『全体的に』優秀だ」**とみんなに思われるようになる。

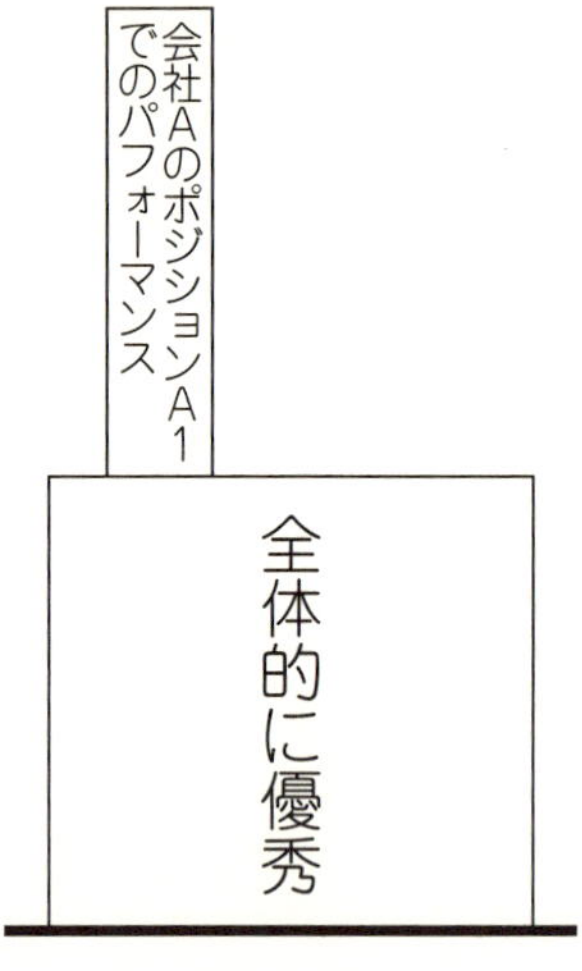

ハロー効果のせいで、彼のやることは、**なんでも好意的に解釈される**ようになる。

「優秀な人は、なにをやらせても優秀」だと思われ始めるわけだ。

こういう人は、「得手不得手はあるだろうけど、全体的に優秀だから、どこの会社に行っても、それなりのパフォーマンスを出すだろう」とみんなに思われる。

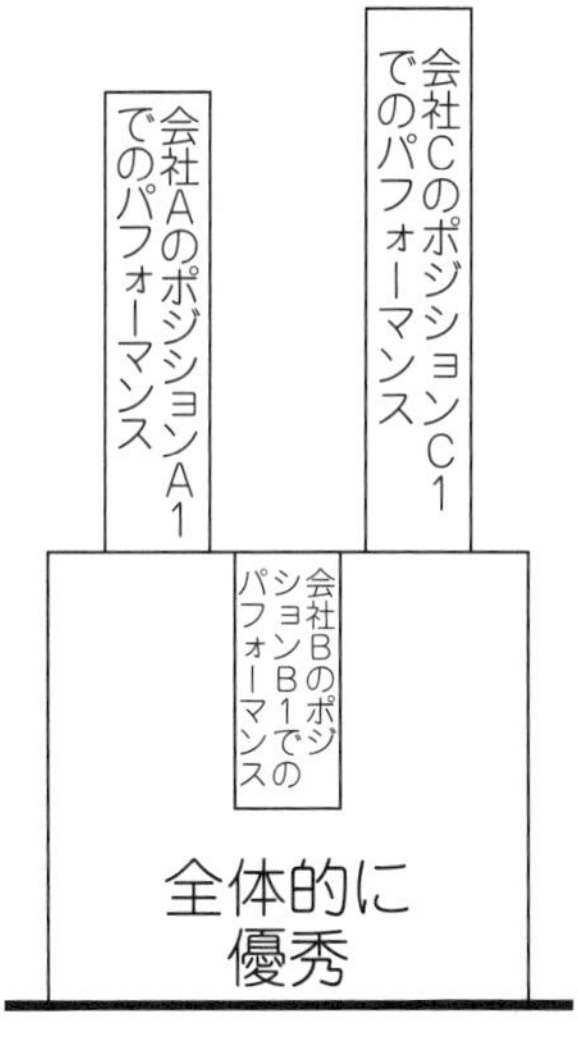

でも、思考の錯覚で底上げされている部分があるので、実際には、転職したり、ポジションが変わったりすると、こうなっちゃう可能性も、けっこうあるのだ。

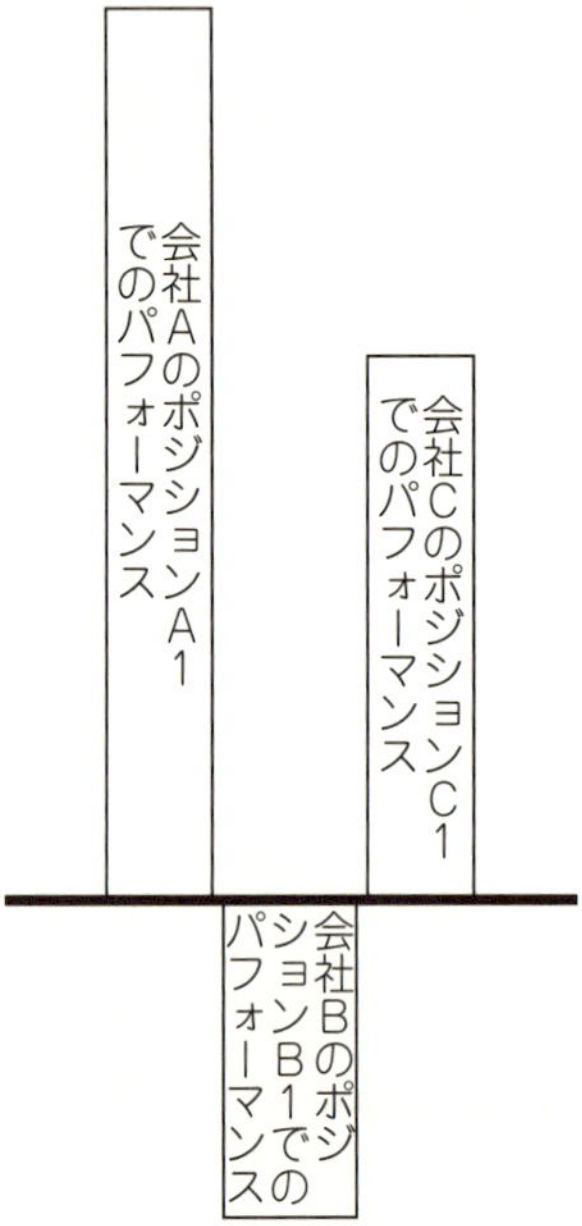

実際、「前の職場では、めっちゃ優秀で、みんなに期待されて入社してきた人が、ぜんぜんパフォーマンスを発揮できず、またすぐに転職してしまう」なんてことも、よくある。

一方で、会社Aのポジション A2で、ぜんぜんパフォーマンスの出ない人がいたとする。

「彼は『全体的に』無能だ」とみんなに思われるようになる。

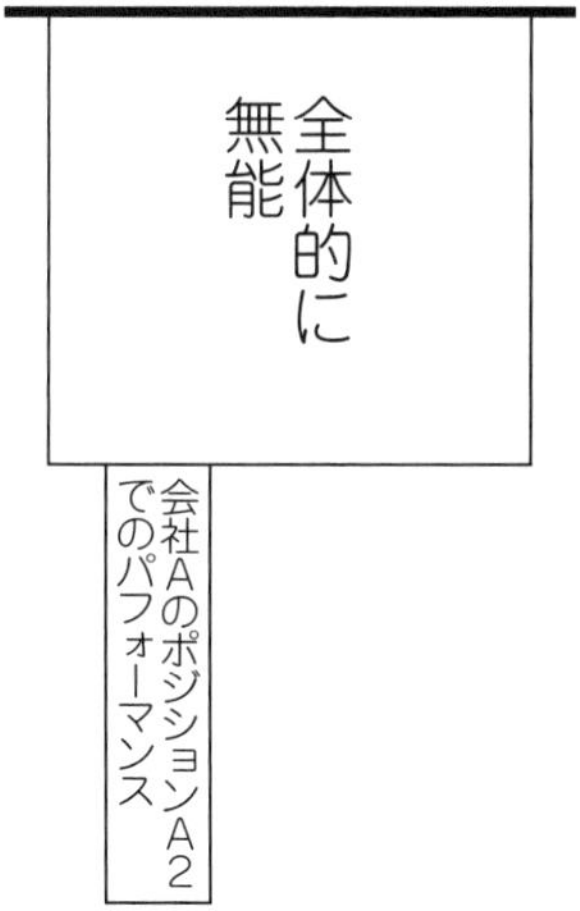

ハロー効果のせいで、彼のやることはなんでも悪いほうに解釈され、**「ダメな奴はなにをやらせてもダメ」**だと思われ始める。

こういう人は、「得手不得手はあるだろうけど、全体的に無能だから、どこの会社に行っても、だいたいダメだろう」とみんなに思われる。

本人も、そう思い始める。

これは一種の**呪い**だ。

この呪いのせいで、底が実際以上に下がっていると知覚されるため、プラスのパフォーマンスを出せる可能性があったとしても、マイナスだろうと予想してしまう。

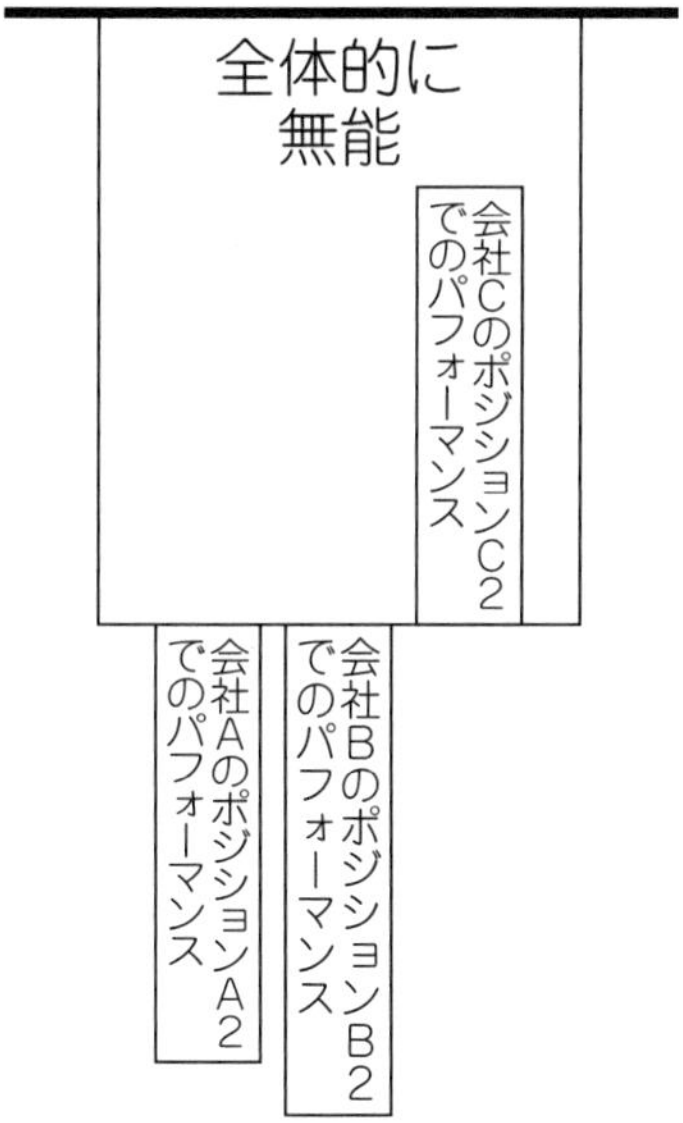

しかし、これは単なる思考の錯覚だったりするので、実際には、転職したり、ポジションが変わったりすると、こうなっちゃう可能性も、けっこうある。

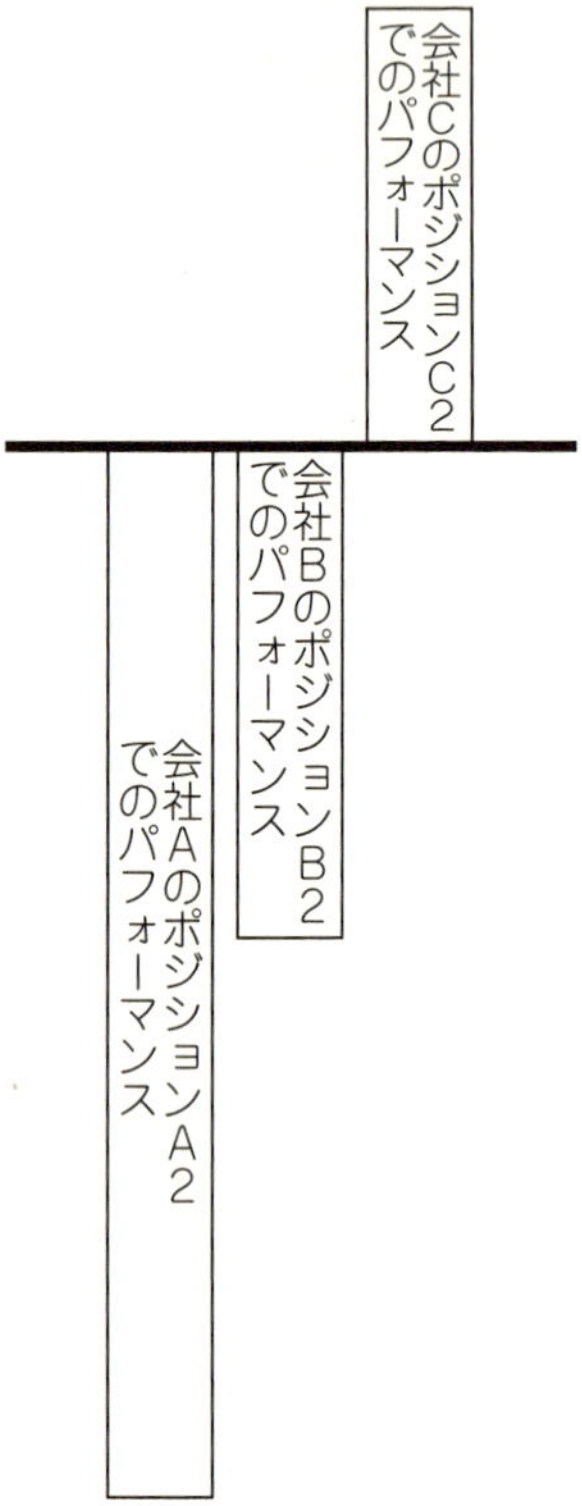

実際、「企画ディレクションをやると、てんでダメだった人が、営業に職種替えしたら、ものすごい売り上げを上げた」とか、「今の会社でぜんぜん成果を出さなかった人が、転職先で管理職になり、すごく頼りにされている」なんてことも、よくあるのだ。

つまり、今の会社とポジションでパフォーマンスを発揮できていない人は、**「マイナスのハロー効果」によって直感を汚染されている**可能性が高いので、その汚染を取り除いて、「環境と役割を変える」という選択肢を検討してみたほうがいいということだ。

でも、こんな考えに乗せられて、うかつに転職して、失敗したら、嫌だなぁ。

なるほど。

では、そういうあなたには、次が参考になるだろう。

ふろむだ

@fromdusktildawn

自分の意思で選択しているとしか思えない

2003年に発表された記事によると、「自分が死んだときに、臓器提供する」と意思表示している人の割合は、次のようになる。

ドイツ	12%
スウェーデン	86%

なぜ、ドイツでは臓器提供するという人が12％しかいないのに、スウェーデンでは86％もいるんだろうか？

旧共産圏だった東ドイツの教育制度の影響だろうか？
それとも、長い間小国に分裂していたドイツの歴史が背景にあるのだろうか？
それとも、第2次世界大戦のときの負の遺産を、いまだに引きずっているのだろうか？

それとも、高福祉の国スウェーデンでは、臓器提供に同意すると受け取れる福祉金が増

えるような制度になっているのだろうか？

この違いを生んだ原因を、自分なりに考えてみてほしい。


次に、もう少しデータを増やして考えてみる。

ドイツ	12%
スウェーデン	86%
オーストリア	ほぼ100%
デンマーク	4%

今度は、どうだろうか？

ドイツとオーストリアはどちらもドイツ語圏の国だから、同じような傾向になっているかと思いきや、ぜんぜん違う。むしろ、ドイツはデンマークと傾向が似ている。

スウェーデンは同じ高福祉型の北欧国であるデンマークと傾向が似ているかと思いきや、

オーストリアと傾向が似ている。
どういうことだろう？
あなたは、なにが原因か、わかっただろうか？

正解は、「デフォルト値の違い」だ。
臓器提供への同意率の高い国では、「提供したくない人」がチェックを入れなければならない。

チェックを入れない人は、臓器提供するとみなされる。

同意率の低い国は、その逆なのだ。

脳死状態となったときに、臓器を提供するかどうかは、けっこう大きな選択だ。脳死判定が常に100％正しいものなのかどうか、普通の人には判断がつかないからだ。誤判定が起きた場合、最悪、殺されて内臓を抜かれることになる。

また、自分の臓器を提供することは、一生分の募金を超えるほどの慈善活動たりうる。一生の間、毎週2時間、ボランティア活動をすることに匹敵するか、場合によってはそれ以上の慈善活動になりうる。それによって、何人もの人生が救われる可能性があるからだ。これは、非常に大きなことだ。

そのような大きな選択が、単なる「デフォルト値の違い」で決まってしまうのは、驚くべきことではないだろうか。

人間がデフォルト値を選んでしまう傾向があるのは、「判断が難しい選択」のときであることがわかっている。

臓器を提供するかどうかは、判断が難しい選択だ。
誤判定のリスクと、大きな慈善活動のチャンスを天秤にかけるが、どちらを重視すべきか、そんなものは、難しすぎて、判断のしようがない。

恐ろしいことに、人間は、判断が困難なとき、自分で思考するのを放棄して、無意識のうちに、デフォルト値を選んでしまうことが多いのだ。

この認知バイアスも、日常の仕事と生活の至る所で、人間の判断をゆがめている。

たとえば、「今のままA社に居続けるか、B社に転職するか、C社に転職するか」という選択は、複雑な要素が絡み合っているうえに、不確定性も大きく、判断が難しい。
だから、そういう場合、人間は、ベストな選択肢ではなく、単にデフォルト値である「転職せずにA社に居続ける」という選択肢を選んでしまう。

しかも、やっかいなことに、選択が、デフォルト値に大きな影響を受けていても、多くの人は、**そのことに気がつかない。**

先ほどの問いで、臓器提供に同意する人の割合が、デフォルト値によって大きく違うということがすぐにわかった人が、どれだけいただろうか？

あなたは、すぐに気がついただろうか？

つまり、ここには、**二重の錯覚**があるのだ。

1つは、最適な選択肢ではなく、デフォルトの選択肢を選んでしまうという錯覚。

もう1つは、それがデフォルト値効果じゃない、別の原因によるものだと考えてしまうという錯覚だ。

「いろいろ嫌な事はあるけど、今の会社にいるのが一番マシだ」と思えるのは、「デフォルト値効果」という認知バイアスの影響を大きく受けている可能性があるのだ。

デフォルト値効果という錯覚から抜け出すために有効なのは、「直感だけで選択しないこと」だ。

過剰に現状維持を選んでしまうのは、直感の働きによるものだからだ。

現状維持と、それ以外の選択肢では、どちらがいいか、**単に直感で判断すると、直感的には、現状維持のほうがいいと錯覚してしまう**からだ。

認知バイアスが絡んでいるときは、直感は当てにならないのだ。


この思考の錯覚にとらわれないための一番手っ取り早い方法は、単に、この錯覚分だけ、選択肢の重みづけを補正してやることだ。


もちろん、**「とにかく現状維持はダメだ」と考えるのは、非常に愚か**だ。

まるでスパムをばらまくbotみたいに「現状維持はダメだ」と繰り返す人がときどきいるが、華麗にスルーしよう。

そんな考え方では、**逆に状況は悪化する。**

ろくな目論見も勝算もなく、軽率に転職したり独立したりした挙句、年収も待遇も人生のクオリティーも激下がりになってしまいかねない。

重要なのは、現状維持と、それ以外の選択肢を精緻に比較し、どちらがよいのか、冷徹に**見極める**ことだ。

判断が難しいとき、人間は考えるのを放棄して、直感に従ってしまう。しかし、判断が難しいときこそ、直感はアテにならない。なぜなら、判断が難しいときに直感が出す答えは、思考の錯覚に汚染されていることが多いからだ。

だから、判断が難しいときは、「思考の粘り強さ」が決定的に重要になる。

「思考の粘り強さ」がない人間が、難しい問題について考え抜くのを放棄して、思考の錯覚の泥沼に沈んでいくのだ。

判断が難しくても、不確定性が大きくても、安易に思考を放棄してデフォルト値を選んでしまうことなく、粘り強く考え抜かなければならない。

そして、明らかに現状維持のほうが他の選択肢よりもずっとよさそうであれば、現状維持するべきだ。

しかし、現状維持と、選択肢Aと選択肢Bが、どれも同じぐらいよさそうに見えたのなら、**現状維持を選択肢から外してしまう**ほうが、成功確率は高くなる。

なぜなら、「現状維持のほうを選びたくなる」という思考の錯覚のゲタを履かせられているせいで、現状維持の選択肢が、他の選択肢と同じに見えているだけだからだ。

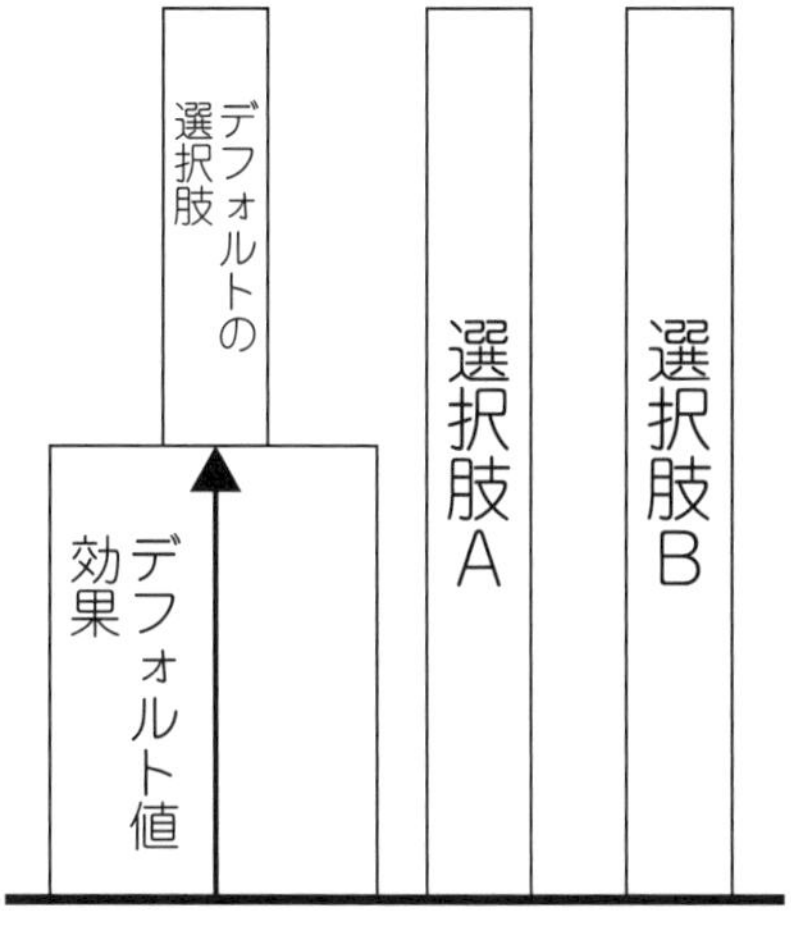

ゲタを脱がしてしまえば、他の選択肢よりも悪い選択肢である確率が高い、ということなのだ。

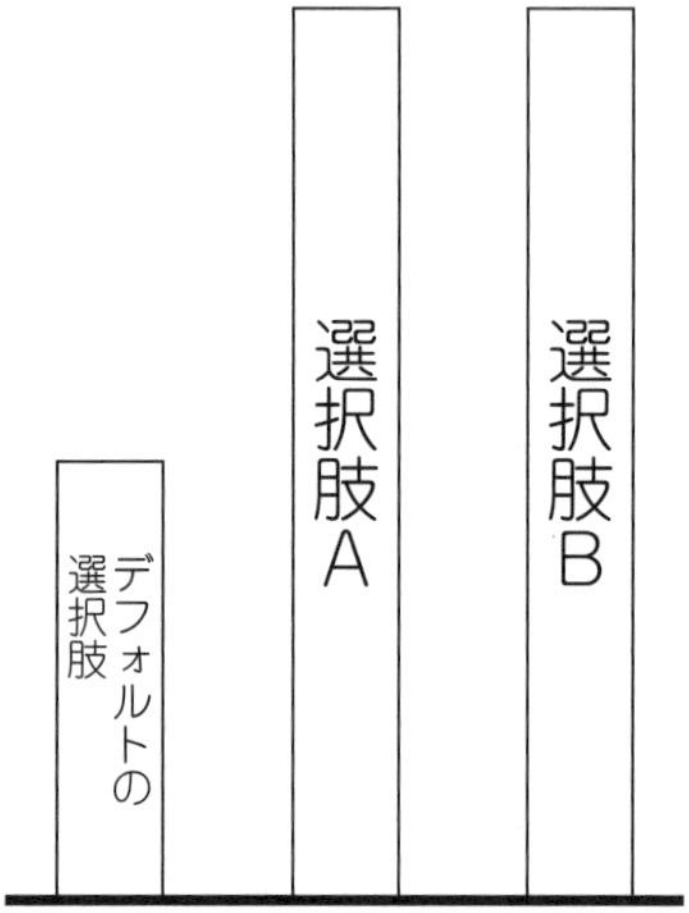

概念の説明は、いったんこれくらいにして、次はいよいよ、錯覚資産の具体的な運用フレームワークの説明に入っていくことにする。

成果主義という名のインチキゲームの裏をかいて勝つ方法

世の中、やはり、実力で決まるよ。

どうして？

実力があれば、成果が出るからだ。

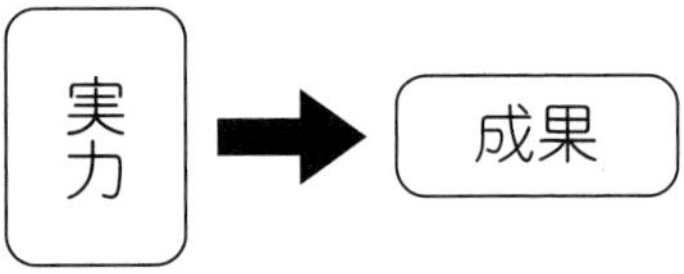

それは、そのとおりですね。

成果が出るから、昇進したり、ステップアップ転職したりして、いい仕事、優秀な上司・同僚・部下に恵まれた、いい環境を得られるんだ。それが好循環を生んで、雪だるま式に実力が増え、キャリアアップしていけるんだ。

僕は、違うと思うな。

なんでじゃ？

だって、重要な成果を出したけど、その成果の重要性がわかりにくい場合、それが成果だと認められず、上司に評価されないことって、たくさんあるでしょ。

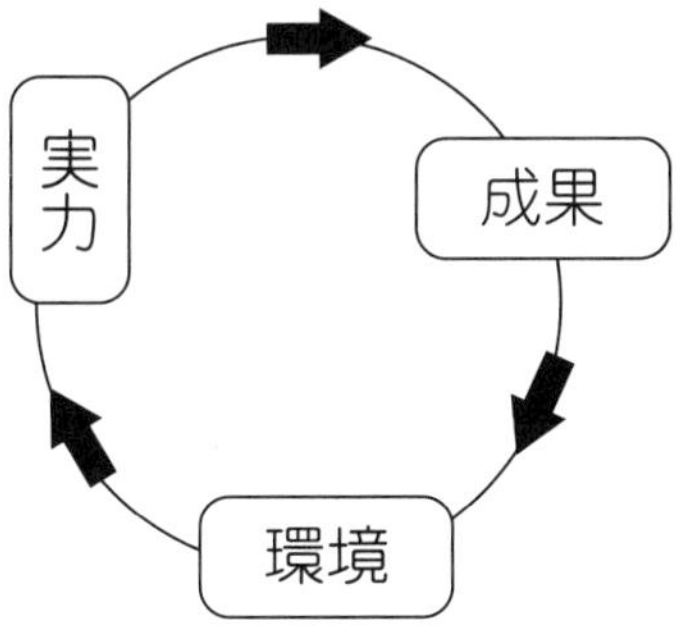

私も、成果を出しても、アピールが下手なせいで、昇進できなかったり、ステップアップ転職もできない人を、たくさん見てきたわ。

そうだよな。「わかりやすい」成果を出した人のほうが、圧倒的に出世しているよね。

だよね。実力さえあれば、好循環が生まれるっていうのは、わりとウソだよね。

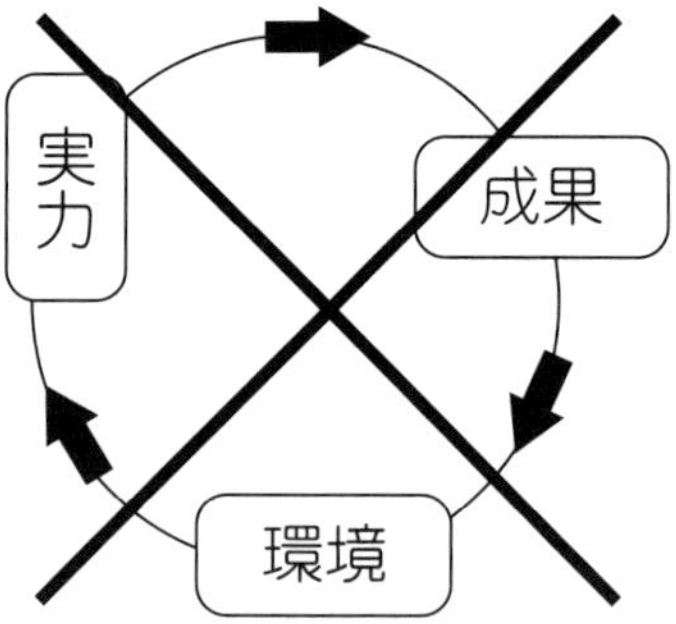

たしかに、実力があると、成果を出しやすい。

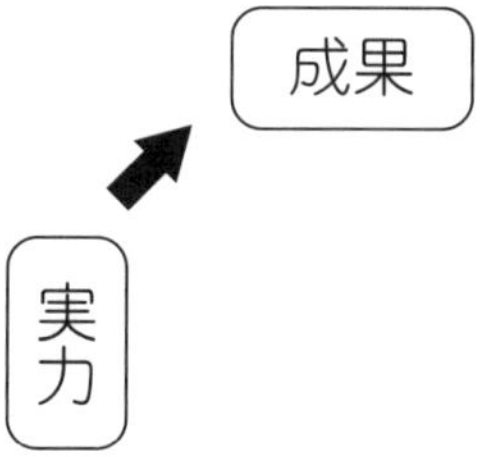

それは本当だ。

しかし、その成果が、必ずしも、よい「環境」の獲得につながるかというと、実際には、

そうじゃない。

実際には、その成果を錯覚資産にすることに成功した場合のみ、

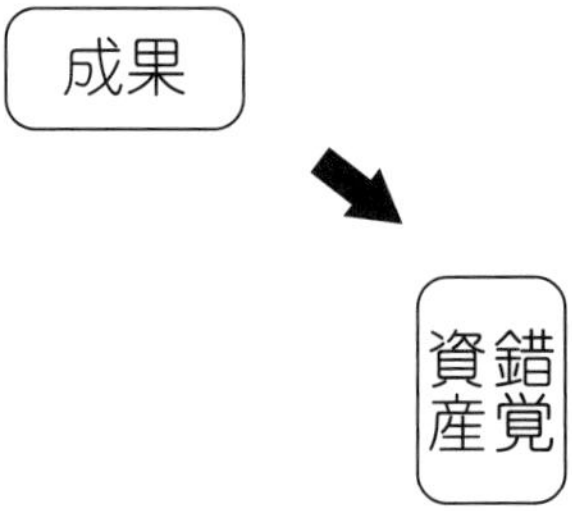

よりよい「環境」を手に入れることができるんだ。

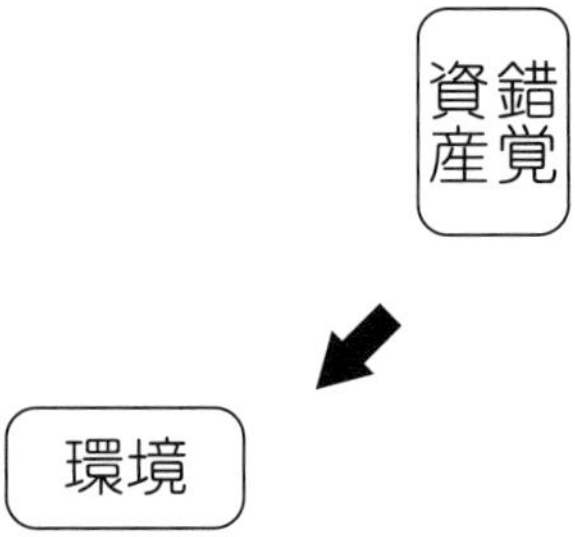

どうやれば、成果が錯覚資産になるの？

基本的には、次の2つの要因の掛け算で決まる。

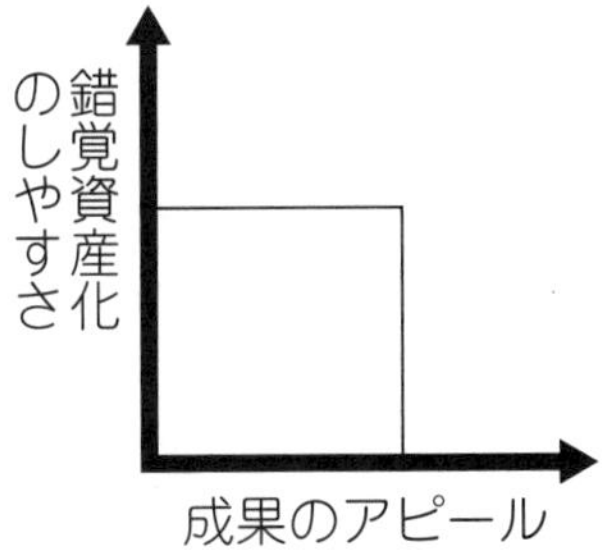

この四角形の面積が、錯覚資産の大きさだ。

まず、縦軸は、その成果の錯覚資産化のしやすさを表す。

たとえば、具体的な数値が出るような成果だと、錯覚資産にしやすいが、具体的な数値としては表れにくい成果だと、錯覚資産にしにくい。

もちろん、別に数値じゃなくても、「わかりやすい」「心理的インパクトの大きい」など、錯覚資産化しやすくなるパターンは、いろいろある。

次に横軸だが、その成果をアピールするスキルが高く、かつ、アピールする努力を十分にやっている場合、それは、より大きな錯覚資産になる。

これも、単にやみくもにアピールするだけじゃなくて、ディシジョンメーカーへの印象付けをうまくやることが重要だ。

単に、成果を出せば、自動的にそれが錯覚資産になるってわけじゃ、ないんだな。

そうなんだ。

そして、その錯覚資産の大きさ次第で、よい環境をゲットできる確率が決まる。

もちろん、よりよい「環境」があると、実力が伸びやすいという点は、そのとおりだ。

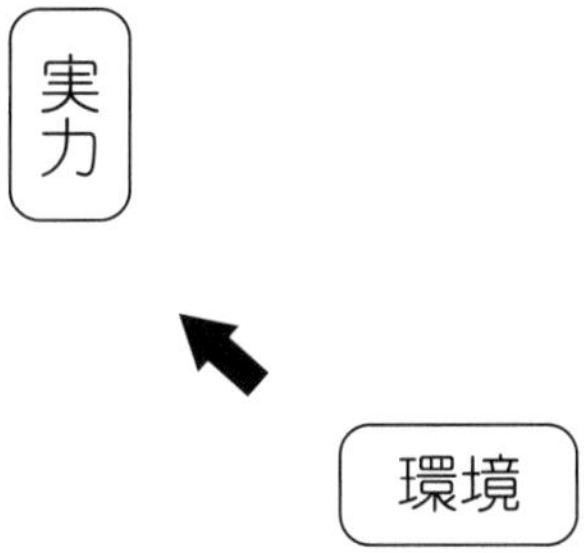

よりよい経験を積める仕事ができるし、よりよい指導をしてくれる上司や先輩に恵まれるからだ。

だから、実際には、こういうループになるんだ。

このループがぐるぐる回るので、錯覚資産と、実力は、相乗効果で、雪だるま式に増えていく。

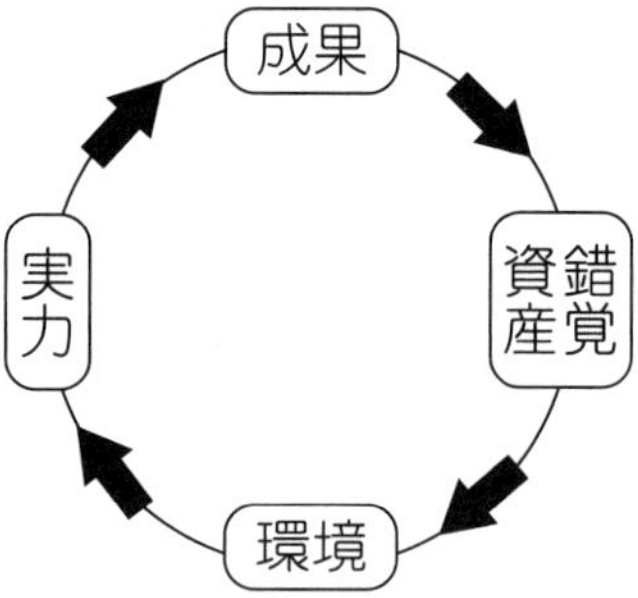

このループに当てはまらないことも、多い気がする。

なんで？

だって、錯覚資産が十分に大きければ、たいして実力がなくても、かなりの成果が出ちゃったりしない？

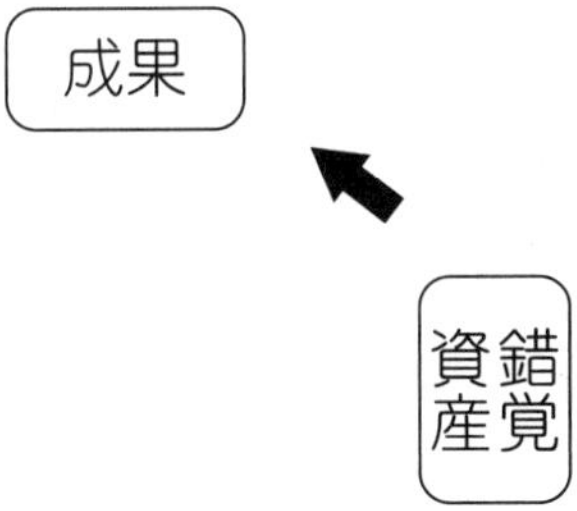

そうだよ。たとえば、成功者が本を書くと、たいして面白くなくても、すごく売れたりするじゃない。

たしかに。
こういうループもあるね。

でも、実力によって成果が出るループがあるのも、確かだよね。

うん。両方ある。
だから、こうなるね。

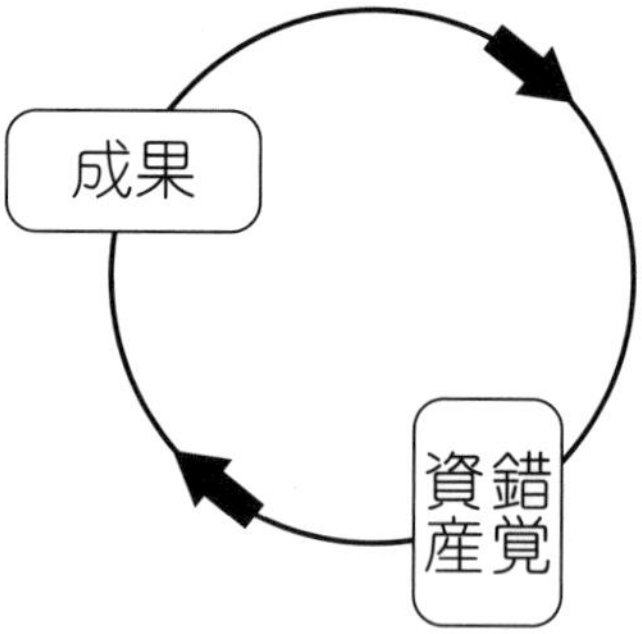

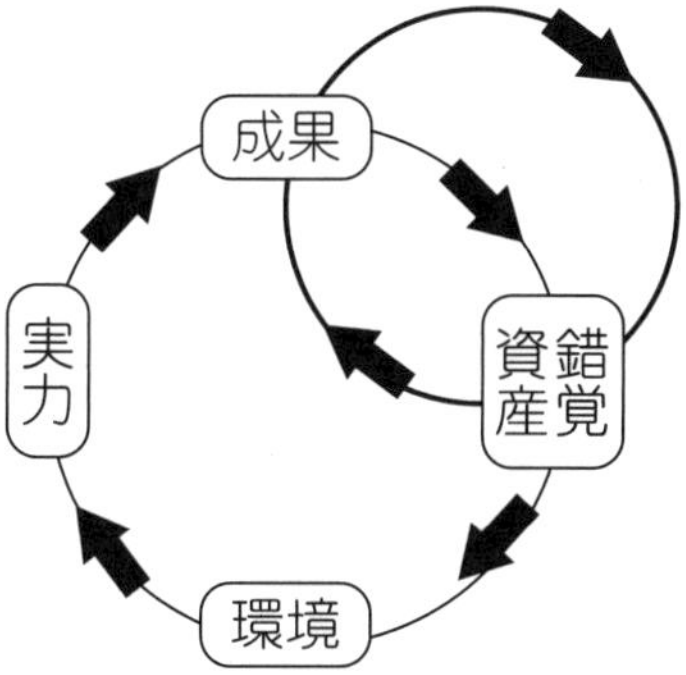

環境に恵まれているから、成果が出るというのもあるんじゃないの？

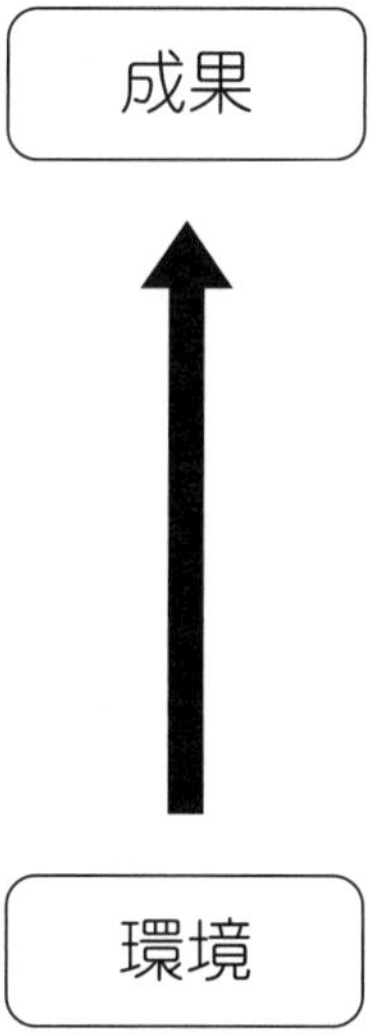

そうだね。優秀な上司の指示どおりに仕事をして、優秀な同僚と優秀な部下に協力してもらったら、すごく成果が出やすいよね。

ブランド企業の場合、その企業の看板があれば、大型案件も決まりやすいしね。

そうね。
だから、まとめると、こうなるね。

こうして見ると、実力よりも、錯覚資産のほうが重要ね。

なんで？

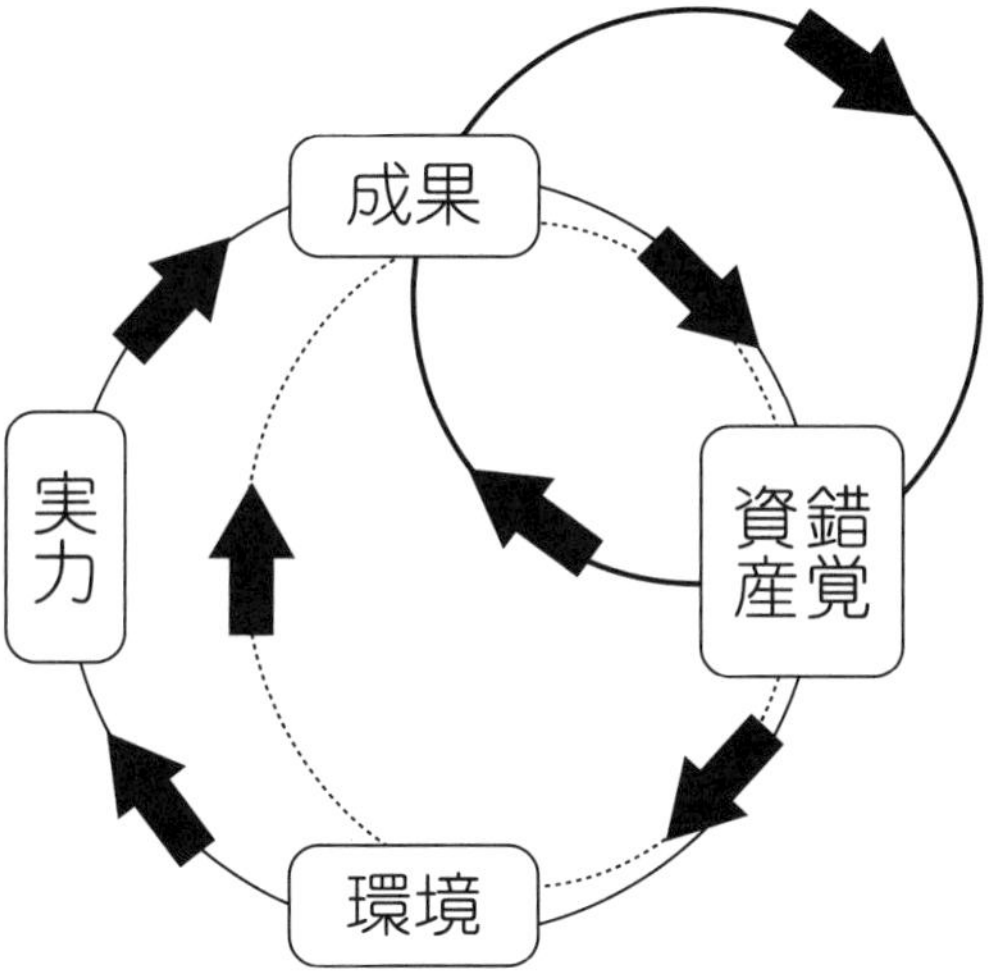

だって、錯覚資産は、すべてのループの通過点になっているけど、実力は、1つのループの通過点になってるだけだもん。

そう。注意が必要なのは、次の2点だけど、

A　錯覚資産を増やすことばかりやって、実力を磨くこと（スキルアップ）**を怠ると、1つのループが回らなくなる。**

B　スキルアップばかりやって、錯覚資産を増やすことを怠ると、すべてのループが回らなくなる。

より深刻なのは、Bだよね。

Aの錯覚資産ばかり増やしているタイプは、少なくとも2つのループは回るので、複利で錯覚資産を増やしていくことができる。

しかし、Bのタイプはすべてのループが回らないので、なかなか成長できない。

ちゃんと錯覚資産増やしをやっている人と、Bタイプでは、具体的に、どのように違いが出てくるの？

たとえば、スキルアップばかりする人は、実力はあっても成長機会を得られないので、こうなる。

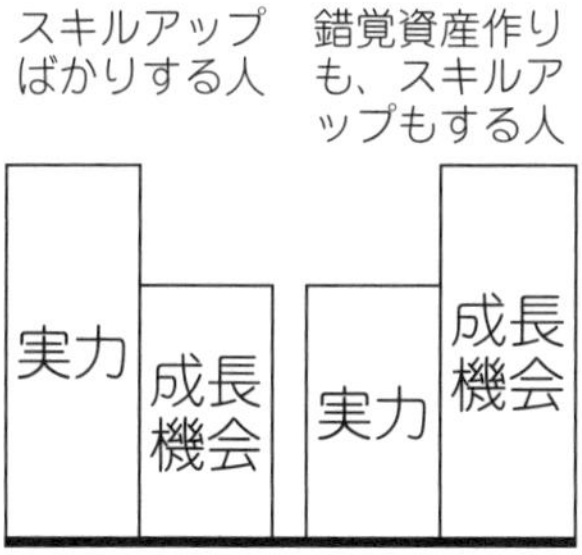

ちゃんと錯覚資産増やしをやってる人は、よい環境を手に入れられるので、やがて、実力も、「スキルアップばかりする人」を凌駕《りょうが》する。

実力が増えると、さらによい成長機会を得られる。

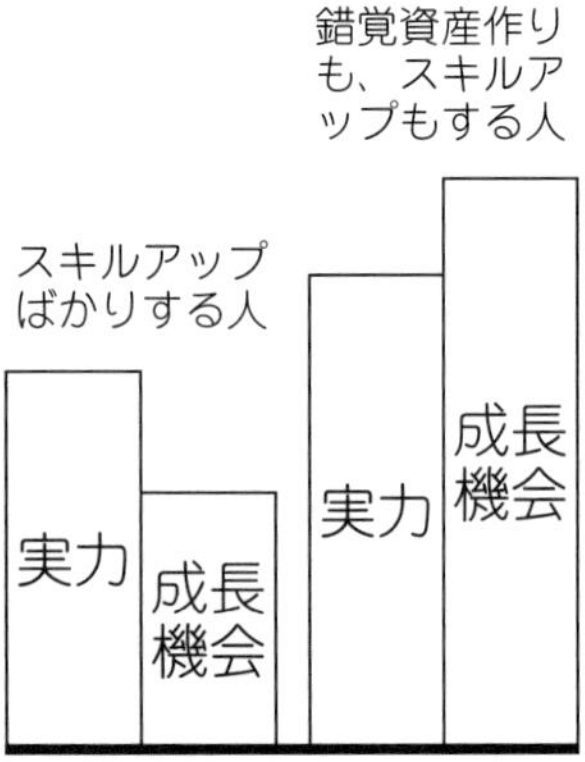

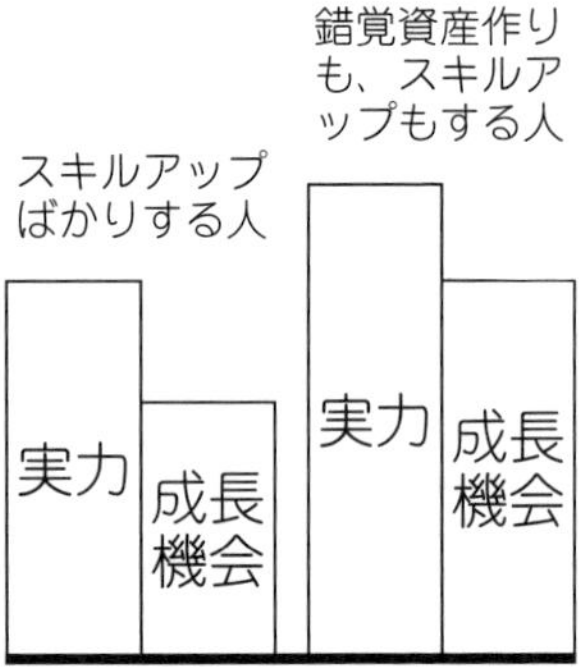

この繰り返しで、ループが回らない「スキルアップばかりの人」と、ループが回っている「錯覚資産増やしとスキルアップの両方をしている人」の間では、絶望的なほどの差が開いてしまう。

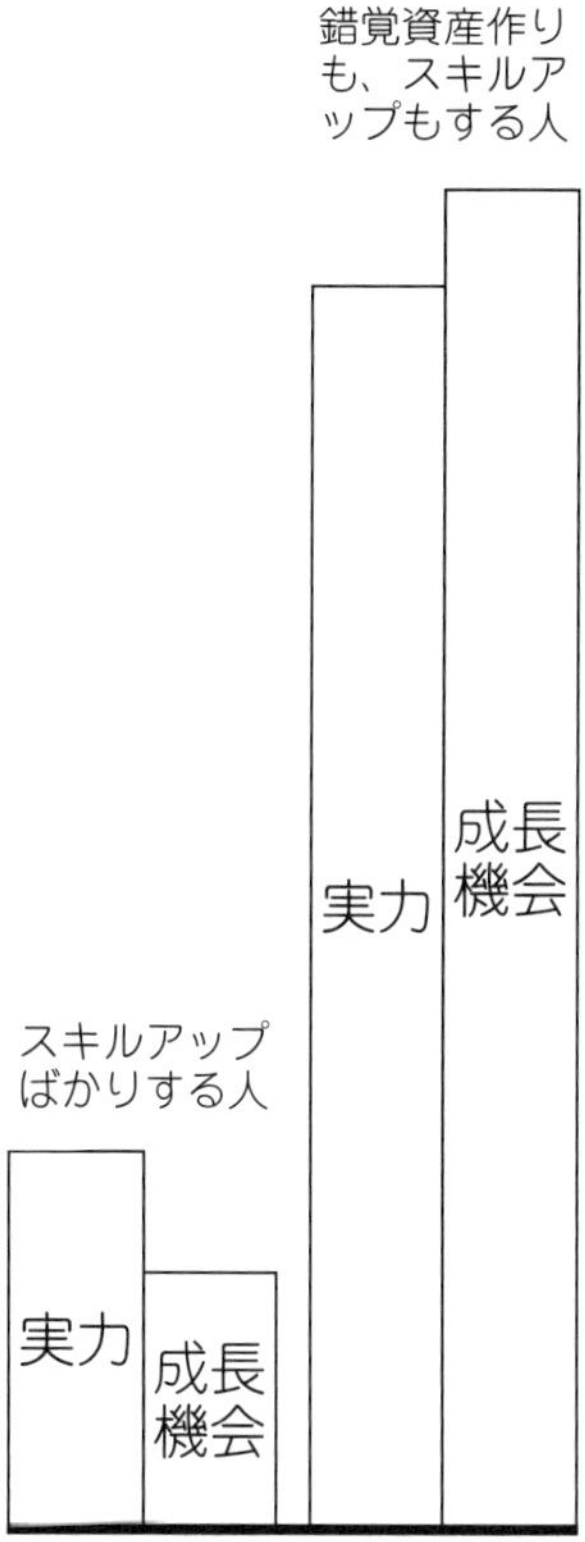

一般に、「錯覚資産の重要性を認識しておらず、錯覚資産がボトルネックになってしまっている人」が非常に多いので、本書は主に錯覚資産の重要性を強調してきた。

また、B（スキルアップばかりしている）の問題を抱える人が多いので、次に、それについて考察する。

しかし、それは、必ずしもスキルアップの重要性を否定するものではない。
むしろ、錯覚資産を増やすためにも、スキルアップは重要だ。
錯覚資産増やしとスキルアップは、車の両輪なのだ。

大枠はわかった。でも、具体的には、なにをすればいいわけ？

それでは、それを見ていくことにしよう。

ふろむだ
@fromdusktildawn

幸運を引き当てる確率を飛躍的に高くする方法

あなたは大腸がんの検査を受けたとする。

その結果は、**「陽性」**だった。

この検査について、次の事実がわかっている。

・「大腸がんの人」の98％は、この検査で陽性になる。
・「大腸がんじゃない人」の2％は、この検査で陽性になる。

このとき、あなたは、「自分が大腸がんである確率」はどのくらいだと思うだろうか？

「ヤバい。ほぼ大腸がん確定だ」

と思う？

それとも、

「まあ、大腸がんの確率は低いな」

だろうか？

あるいは、

「大腸がんかどうかは、五分五分だ」

？

正解は、「あなたが大腸がんである確率は低い」だ。

え？　なんで？

これも、**思考の錯覚**だ。

人間の直感が認識を誤りやすいのは、たとえば、次のような確率だ。

- 自分の就活・転職・独立起業がうまくいく確率
- 自分が作った作品・お店・プロダクト・サービスが成功する確率
- 採用面接している相手を採用したら、活躍してくれる確率
- 昇進させようとしている人を昇進させたら、いい管理職になる確率
- あの人と結婚したら、結婚生活がうまくいく確率
- 「好きを仕事に」できる確率

これが錯覚？　とてもそうは思えないわ。

ならば、実際に確かめてみよう。

まず、『「大腸がんの人」の98％は、この検査で陽性になる』と『「大腸がんじゃない人」の2％は、この検査で陽性になる』を円グラフで表すと、次のようになる。

大腸がんの人

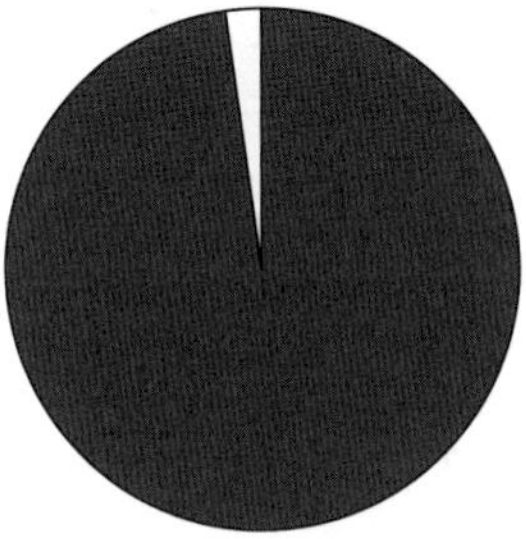

大腸がんじゃない人

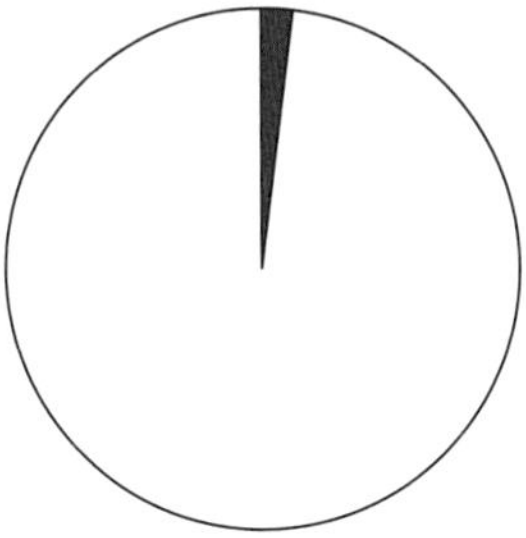

このグレーの部分が、陽性の人だ。

あなたは陽性と判定されたのだから、**このグレーの部分のどこか**にいることになる。

やっぱり、ほぼ大腸がん確定じゃねえか。

まあ、そう思うよね。

筆者も最初はそう思ったし。

たとえば、この円グラフが壁に貼ってあって、そこにダーツを投げるとする。

「そのダーツがグレーの部分に刺さった」ということがわかっているわけだ。

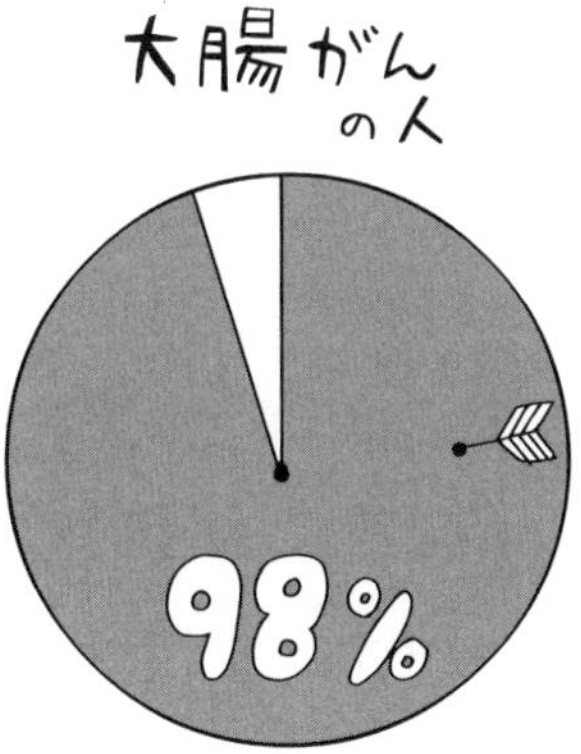

「大腸がんの人」のグラフのほうが、圧倒的にグレーの部分の面積が大きいのだから、そっちに刺さったと思うよね？

ここで、勘のいい人は、この「面積」という言葉を聞いてピンと来ると思うのだけど、そもそも**「大腸がんじゃない人」ってめちゃくちゃ多いのに対し、「大腸がんの人」ってめちゃくちゃ少ないよね？**

たとえば、あなたが20代後半の男性だとする。

20代後半の男性は、本書執筆時点で、日本に３２０万人くらいいる。

そのうち、大腸がんにかかっている人は70人もいない。

なので、そのイメージに少しでも近づけるように円グラフの縮尺（大きさ）を修正すると次のような感じになる。

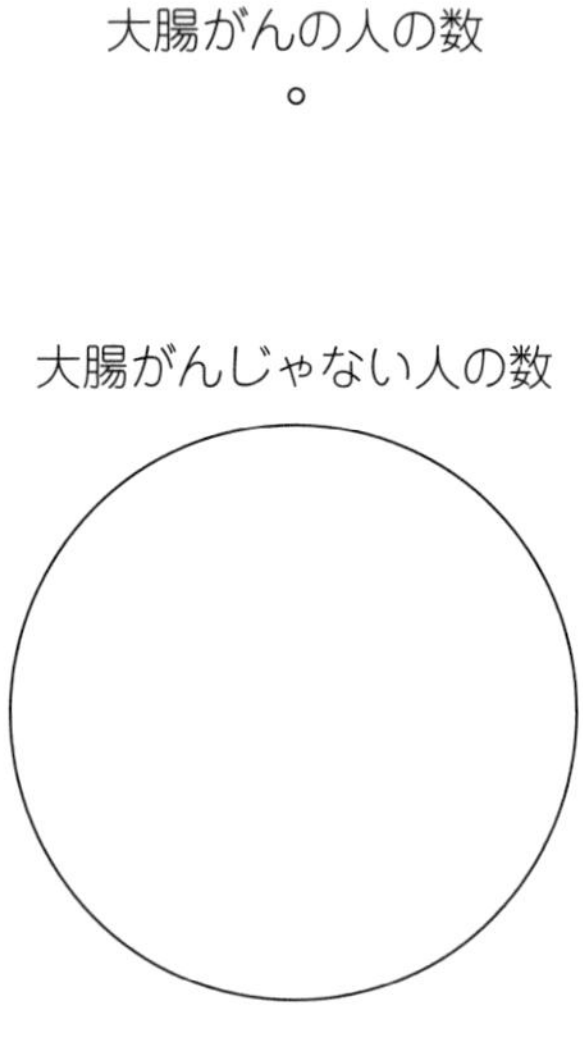

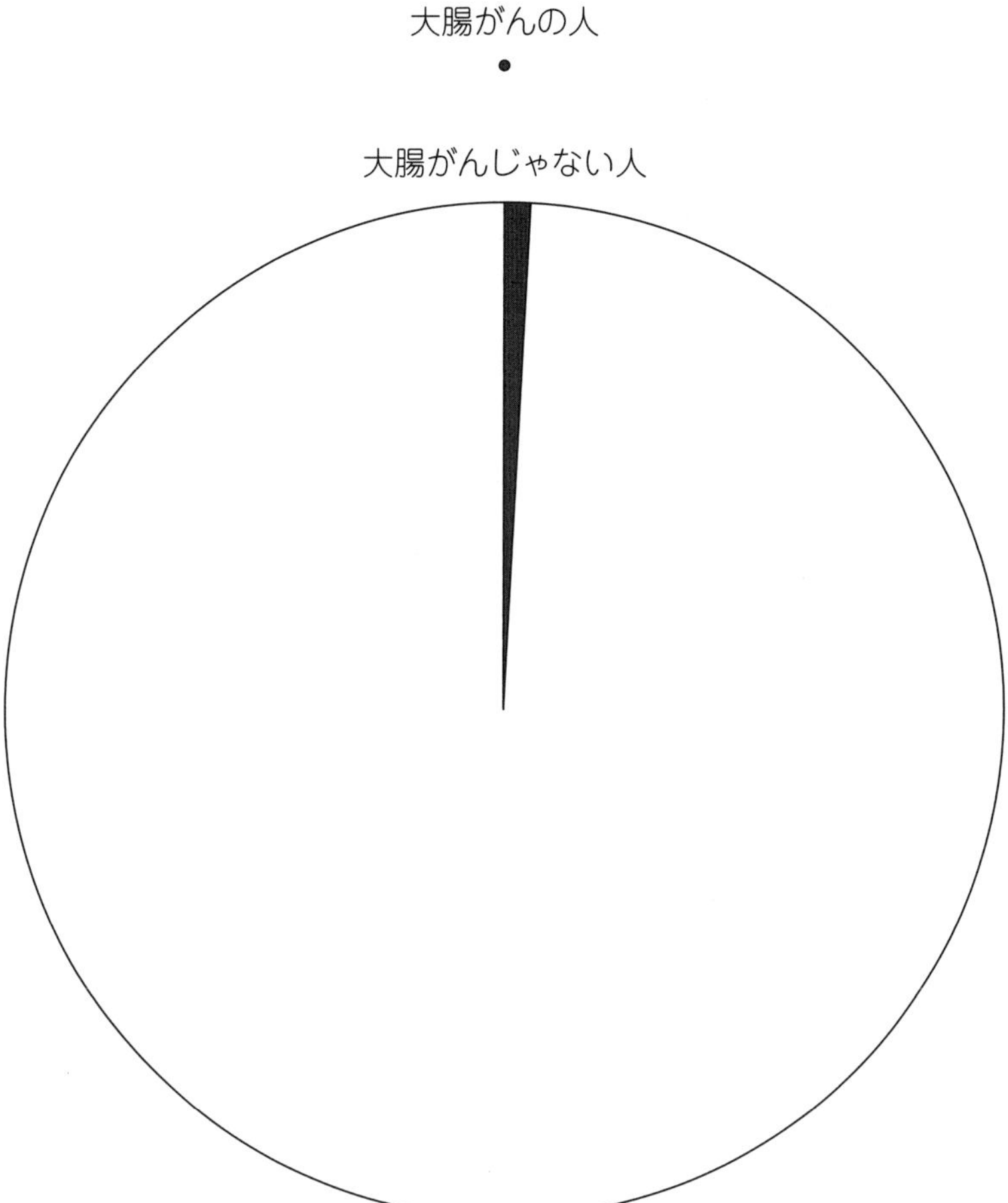
大腸がんの人
大腸がんじゃない人

これだと、ダーツが当たったのは、「大腸がんじゃない人のグラフのグレーの部分」である可能性が高そうに見えるんじゃないだろうか？

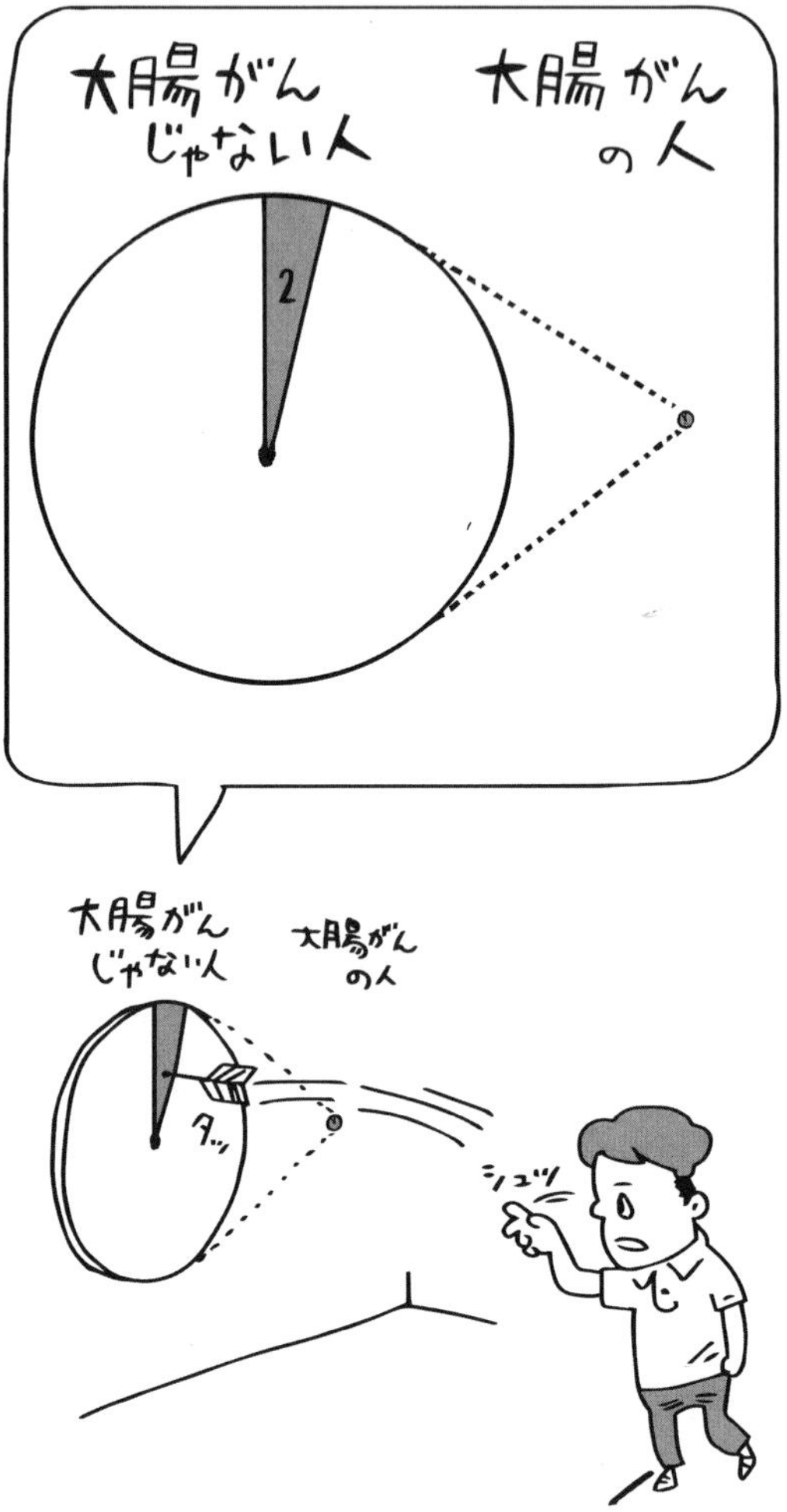

同様の思考の錯覚は、認知心理学の実験でも確認されている。
たとえば、アメリカで行なわれた実験。

その実験で、被験者は、次のような質問をされた。

スティーブという人がいる。
スティーブの性格は、次のようなものだ。

・他人に関心がなく、現実世界にあまり興味がなく、物静かでやさしく、秩序や整理整頓を好み、細かいことにこだわる。

スティーブは、図書館の司書でしょうか？

それとも、農家の人でしょうか？

被験者は、この質問にどう答えたと思う？

スティーブは、いかにも司書っぽい性格をしているので、「スティーブが司書である確率はけっこう高いな」って、思ったんじゃないだろうか。

グラフイメージにすると、こんな感じ。

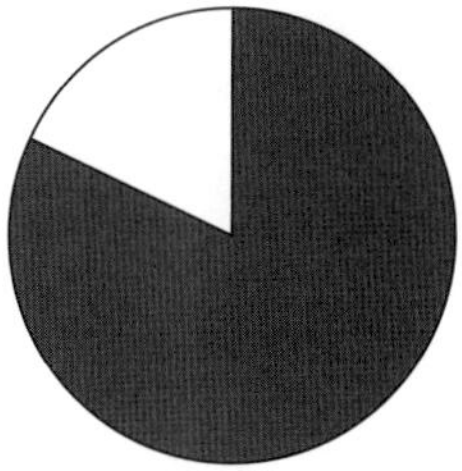

一方で、スティーブはあんまり農家の人っぽくない。だから、スティーブが農家の人である確率は、このぐらいって、思ったんじゃないだろうか。

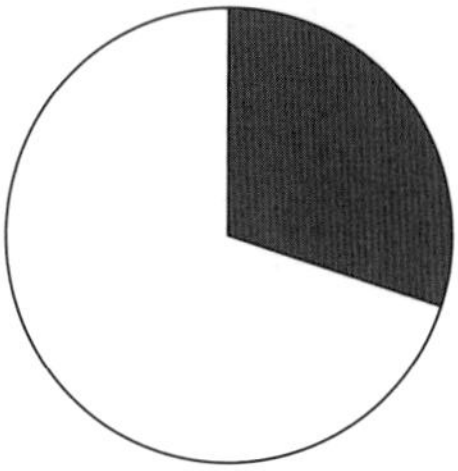

なので、**ほとんどの被験者は、「スティーブは司書」って答えた**んだ。

でも、アメリカでは、司書に比べると、農業従事者のほうが、はるかに多い。
司書1人に対して農業従事者は20人以上いる。

だから、グラフの実際の縮尺は、こうなんだ。

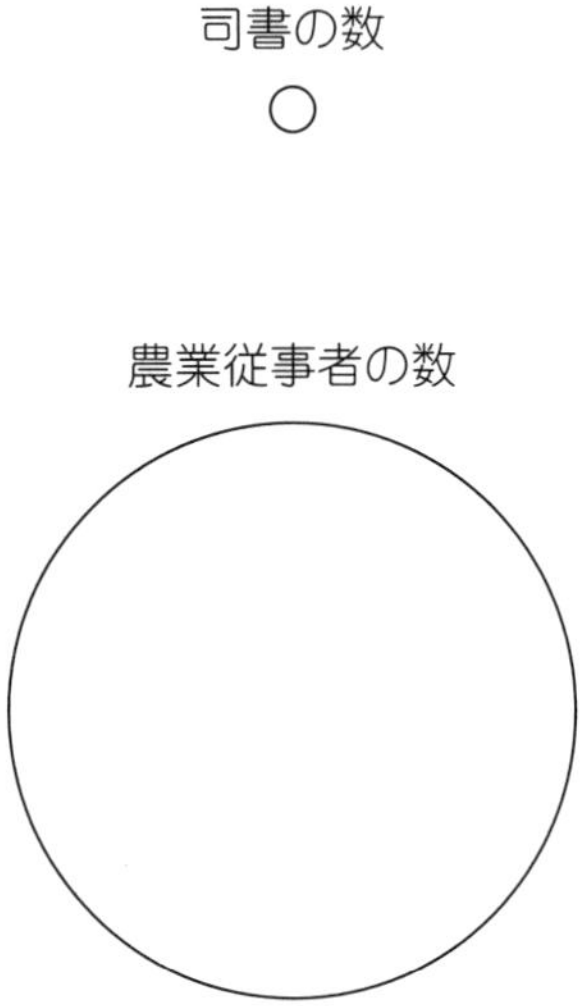

スティーブが
司書である確率

スティーブが
農家の人である確率

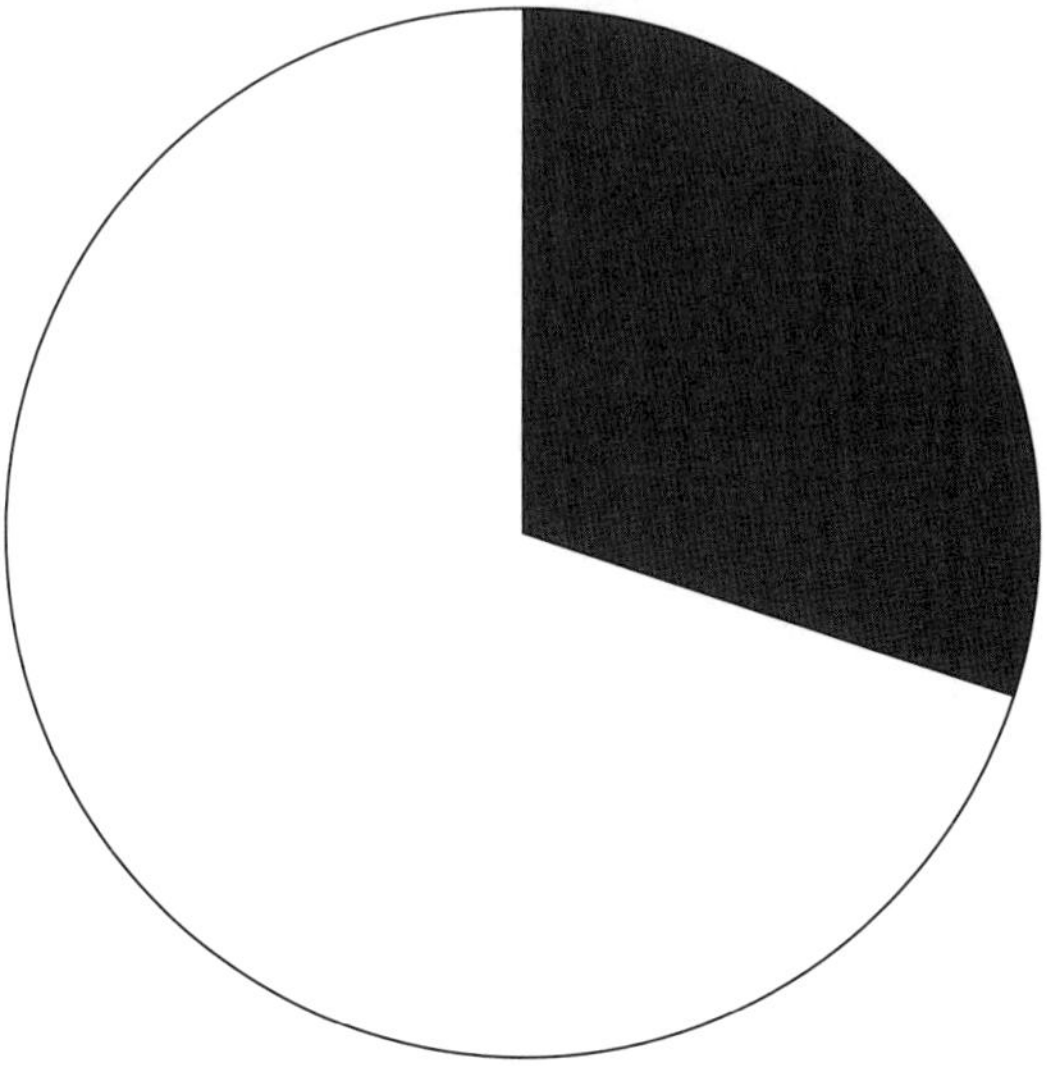

つまり、実際には、スティーブは農業従事者である確率のほうがずっと高い。

それにもかかわらず、ほとんどの被験者は、グラフの縮尺を無視して、図書館の司書だと考えてしまったのだ。

この思考の錯覚のトリックは、**意外と単純**だ。

「自分が大腸がんである確率」を判断するには、次の2種類の情報が必要だ。

グラフの縮尺の情報

グラフの情報

ところが、あなたは、「グラフの情報」だけから、確率を判断してしまった。

グラフの情報

グラフの縮尺の情報

だから、答えを間違えたのだ。

もちろん、判断に3つの情報が必要な場合でも、同じことが起きる。

情報1

情報2

情報3

人間の直感は、3つのうち2つの情報だけを使って判断したり、

1つの情報だけを使って判断したりするのだ。

なぜ、人間の直感は、こんな判断ミスをするのか？

それは、次の2つの理由による。

1．人間の直感は、「思い浮かびやすい」情報だけを使って、判断をする。
2．人間の直感は、正しい判断に必要な情報が欠けていても、**情報が欠けているという感覚を持たない。**

さっきの問題で「大腸がんの確率は？」って聞かれたとき、「すぐに思い浮かぶこと」は、これだ。

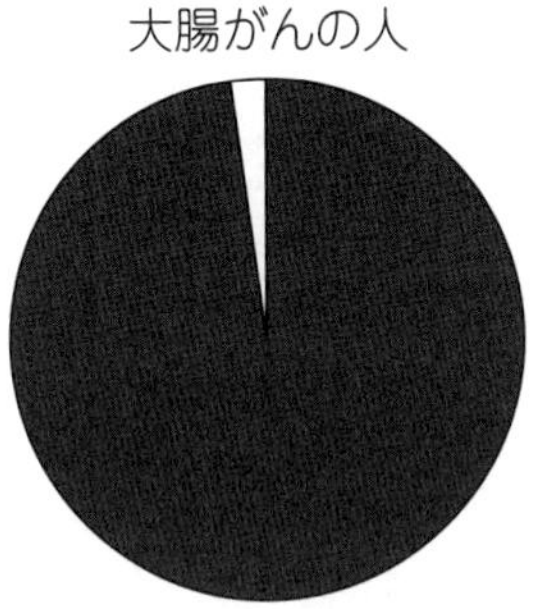

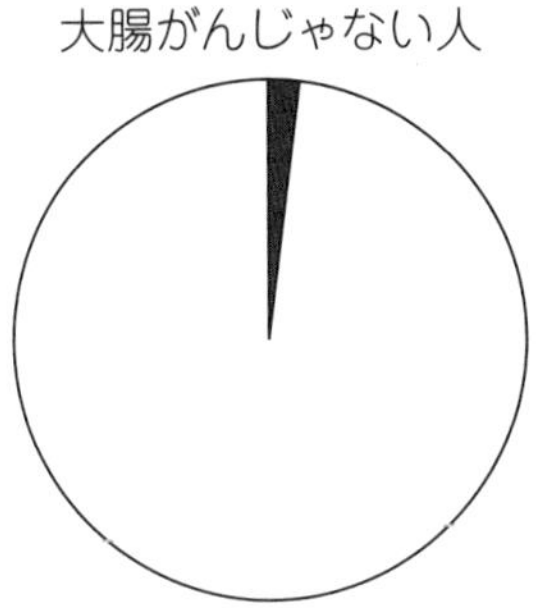

つまり脳内は、こういう状態になる。

大腸がんの人と大腸がんじゃない人が陽性になる確率

大腸がんの人と大腸がんじゃない人の数

本当は、これに「大腸がんじゃない人全部の数」と「大腸がんの人全部の数」という情報を加えて判断しなければ正確な答えは出ない。

大腸がんの人と大腸がんじゃない人が陽性になる確率

大腸がんの人と大腸がんじゃない人の数

しかし、普通の人は、「大腸がんじゃない人全部」なんて、すぐには思い浮かばない。

「大腸がんの人全部」もすぐには思い浮かばない。

「スティーブは図書館の司書か？　それとも、農家の人か？」と聞かれたときに、すぐに思い浮かぶのは、スティーブのいかにも司書っぽい特徴だ。

大腸がんの人と大腸がんじゃない人が陽性になる確率	スティーブのいかにも司書っぽい特徴
大腸がんの人と大腸がんじゃない人の数	アメリカの司書と農業従事者の数

本当は、それに「図書館の司書の人全部の数」と「農業従事者の人全部の数」という情報を加えて判断しなければ正確な答えは出ない。

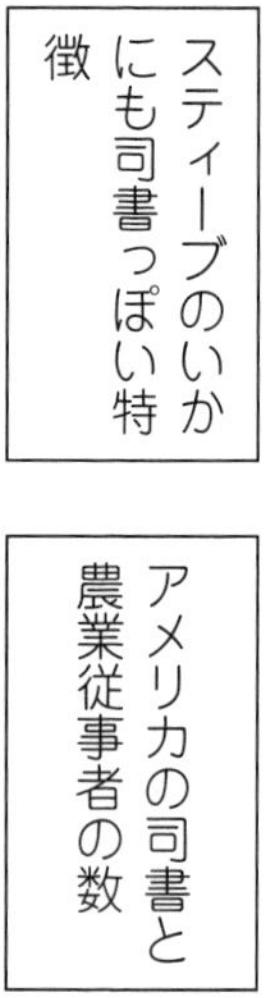

しかし、普通の人は、「司書全員」や「農業従事者全員」なんて、すぐには思い浮かばない。

すぐに思い浮かばない情報は「無視」して確率判断するのが、「直感」というものなのだ。

もちろん、少し冷静に考えれば、「大腸がんの人って、そもそもほとんど見たことない

ぞ」ってことに気がつくし、

大腸がんの人と大腸がんじゃない人が陽性になる確率	大腸がんの人と大腸がんじゃない人の数

「そもそも、司書の人の数より、農家の人の数のほうがずっと多いぞ」ってことに気がつく。

スティーブのいかにも司書っぽい特徴	アメリカの司書と農業従事者の数

しかし、ほとんどの人は、確率判断するとき、**冷静に考えない。**

「冷静に考える」なんていう面倒くさいことは、ほとんどの人は、ほとんどの場合、しないのだ。

ということは、人の「思い浮かびやすさ」をコントロールすることで、自分に都合のいい思考の錯覚を起こさせることができるってこと?

そういうこと。

たとえば、どんな風に使うの?

これは、実に簡単だ。

たとえば、デザイナーとしてやっていこうと思っている人なら、しばらく連絡を取っていない友人・知人と連絡を取ってみてはどうだろうか?

そういう人に、ＦａｃｅｂｏｏｋメッセンジャーやＬＩＮＥで、「たまには一緒に飯でも食わない?」などと話しかけてみよう。

たまに会って一緒に飯を食いながら雑談するだけで、相手は自分のことがぐっと「思い浮かびやすく」なる。

そうすると、たまたまその友人の会社で「誰か、いいデザイナーいない？」などという話になったとき、友人があなたのことを口に出す。その結果、会社の他の人間も、あなたのことが「思い浮かびやすく」なる。

人間の直感は、「すぐに思い浮かぶ情報」を過大評価するし、すぐに思い浮かばない情報を無視して判断するので、たとえば「どのデザイナーに仕事を頼むか？」という判断において、あなたが選ばれる確率は飛躍的に高くなる。**あなたが思っているよりも、はるかに高くなる**のだ。

あるいは、あなたがＩＴエンジニアなら、ときどきでいいから、エンジニアの勉強会に顔を出してみよう。

そこで、できるだけ多くの人に自分を知ってもらえば、自分を思い浮かべてもらいやすくなる。

このとき重要なのは、自分のなにを、相手が思い浮かびやすくなるようにするかということだ。

もし、あなたが、よりよい会社への転職のチャンスを狙っているなら、会社側のニーズを意識したほうがいい。

会社が人材を必要とするとき、たいていは、具体的なポジションイメージがある。「スマホアプリのUI／UXをデザインする人」「データ分析もできるプロマネ」「RoRでの開発ができるエンジニア」「アジャイル開発するチームを束ねるエンジニアリングマネージャ」「ネットマーケティングに造詣の深いセールスマネージャ」などなど。

だから、自分の「優秀さ」をアピールするより、自分がどういうポジションなら力を発揮できるかの、具体的なイメージを相手にインプットするほうがいい。

「いやー、先日、IPAでSpring2フレームワークのセキュリティホールが発表されたでしょ。あのときは、侵入者に侵入されるよりも先に穴をふさがなきゃならないんで、休日出勤して対応しましたよ」「最近は、アプリのストアページのA／Bテスト、やりまくってますよ」などなど、あなたが、実際に現場で戦力として活躍しているということを相手に印象付けるようにするのだ。

そうやって、できるだけ多くの人が、自分のことを「思い浮かびやすく」しておくと、意外なところから、**意外なチャンスが降ってくる**ことがある。

そして、**そのチャンスが、人生を大きく変えるということが、よくある**のだ。

内向的な人は、これの威力を甘く見ていることが多く、非常に多くのチャンスを逃してしまっている。

人生がうまくいくかどうかは、かなりの部分、「環境」に依存する。

いい上司、いい同僚、いい部下、いい顧客、いいポジション、いい課題に恵まれれば、人生のクオリティーはぐんと上がる。

そして、それらが手に入れられるかどうかは、かなりの部分、運と思考の錯覚で決まる。

せっかくいいチャンスがあっても、そのチャンスが発生したとき、その場にいる人間が、あなたのことを「思い浮かべ」ないかぎり、そのチャンスは、あなたには回ってこない。

だから、あなたは、チャンスが発生したときに、そのチャンスを自分のところに手繰《たぐ》り寄せることができるように、**思考の錯覚の網**を広げておかなければならないのだ。

最近連絡を取っていない友人知人と飯を食ったり、勉強会に出たりして、網を広げ、網をメンテすることに、それなりに大きな時間を投資しなければならないのだ。


幸運を引き当てる確率は、網が大きければ大きいほど、高くなる。

これは運ゲーだが、やり方次第で、当たる確率を飛躍的に高められる運ゲーなのだ。


ここで重要なのは、PVとCVRのバランスだ。

PVとCVRというのは、ウェブマーケティングの概念だ。

PVは「Page View」の略で、ページを見てもらえた回数のこと。

CVRは「Conversion Rate」の略で、ページを見た人のうち、実際に商品を購入する人の割合のこと。

もちろん、商品がよくないと、いくらPVを稼いでもコンバージョン（購入）しないので、売り上げは上がらない。

しかし、商品さえよければ、なにもしなくても口コミで広がって商品が売れまくるかというと、世の中はそんな風にはできていない。

けた違いにすごい商品なら、なにもしなくても口コミだけで売れるだろうが、そこまですごい商品というのは、なかなかない。

自分という人材のマーケティングも、基本的には、ウェブマーケティングと同じだ。

たしかに、実力がないと、いくら自分を売り込んだところで、チャンスはやってこない。

しかし、実力があるだけじゃ、やはりチャンスはやってこないのだ。

いくらCVRが高くても、PVが少なければ売り上げが上がらないのと同じように、いくら実力があっても、チャンスが発生したときに、自分のことを「思い浮かべる」人の数が少なければ、なかなかチャンスはつかめない。

ここで注意しなければならないのは、CVRが低い人は、PVを増や

すことを嫌がる傾向にあるということだ。

実力の大きい人の場合、少し自分を宣伝するだけで引く手あまたになるから、自尊心が満たされる。

しかし、実力が小さい人の場合、自分を知ってもらう努力をしても、軽くあしらわれたり、見下されたりと、さんざんなことになり、嫌になってしまう。

だから、まだ実力があまりないうちは、「PVを増やすのは、もっと実力を身につけてからにしよう」と、こつこつとスキルアップばかりをしてしまう人が多い。

しかし、退社後や休日に1人でこつこつスキルアップするより、よりよいポジション、上司、同僚、顧客、業務課題に恵まれたほうが、はるかに効率よくスキルアップできるし、ハロー効果を生むような「見栄えのいい」実績、すなわち錯覚資産を作り込みやすい。

環境がスキルと錯覚資産を育むのだ。

つまり、「スキルアップしやすい環境を手に入れること」というメタレベルに時間を投資するほうが、「スキルアップそのもの」に時間を投資するよりも投資効率がいいのだ。

だから、ある程度の実力が身についたら、まだCVRが低くても、じゃんじゃんPVを増やしてしまう戦略のほうが、結局、効率がいい。

バカにされても、コケにされても、見下されても、大量のPVさえ稼いでしまえば、結局は、チャンスをつかめる。

CVRが10分の1でも、PVが10倍なら、コンバージョン数は同じだからだ。

そうやって、大量のPVによって、むりやりチャンスをもぎ取ってしまえば、いい環境をゲットできるので、実力と錯覚資産は後からついてくるのだ。

だから、実際には、「まだ実力が低いくせに、あちこちに自分を売り込むような恥ずかしい奴」とバカにするような人間のほうが、バカなのだ。最後に笑うのは、そういう、一見バカに見える恥さらしな行動をした人間なのだから。

これは、「時間」という資源を、PV向上とCVR向上の、どちらにどれだけ投資するかという、投資戦略の問題だ。

PVを増やすことにばかり時間を使ってしまうと、投資効果が悪くなる。

一方で、ＣＶＲを上げることばかりに時間を使うのも、投資効果が悪くなる。

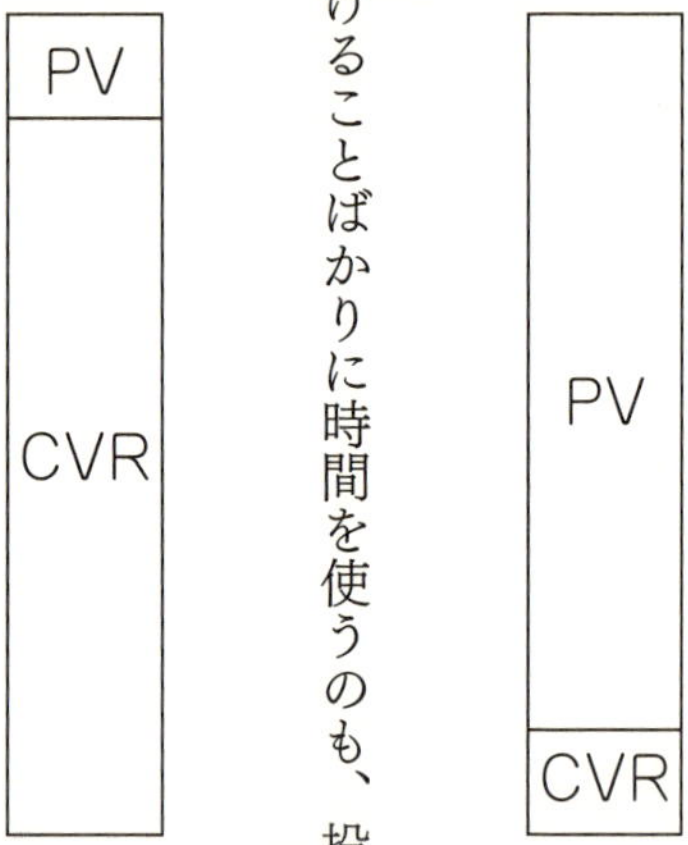

つまり、だいたいこんな感じで、投資効果は変化する。

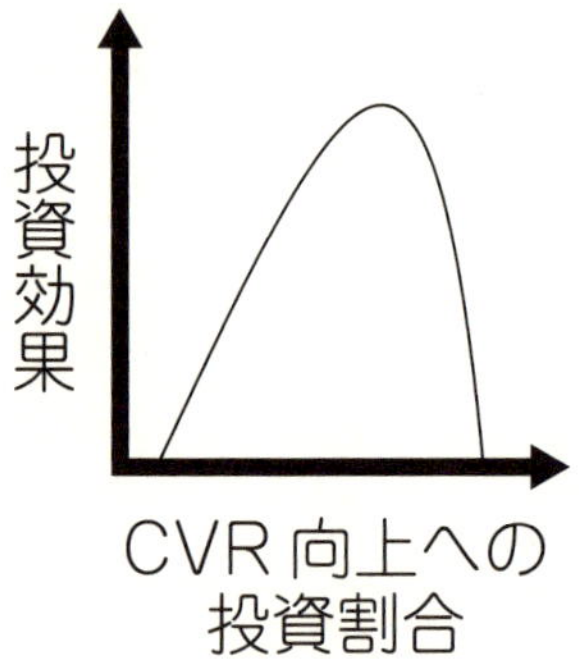

ポイントは、次の2点だ。

・どういう配分にすると、最大の投資効果が得られるか？

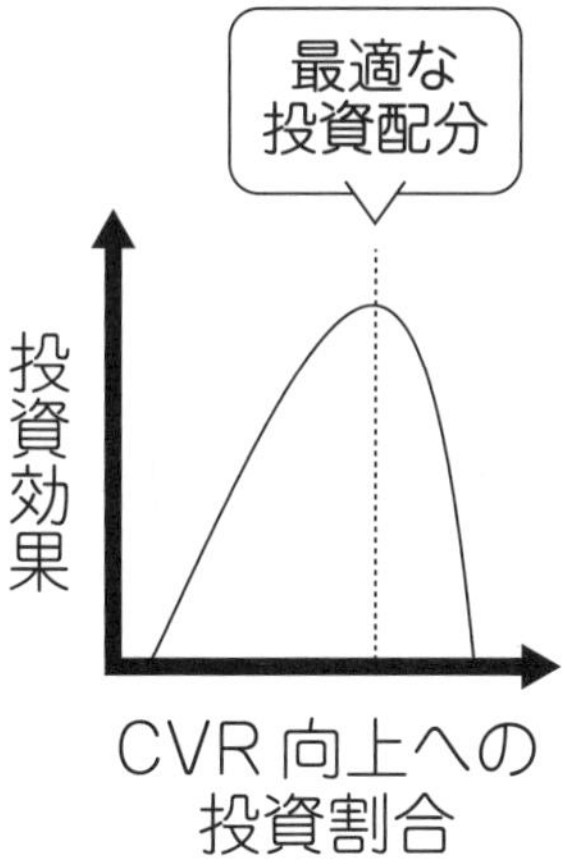

・現在の配分は、最適な配分から、どちらの方向に、どれくらいズレているか？

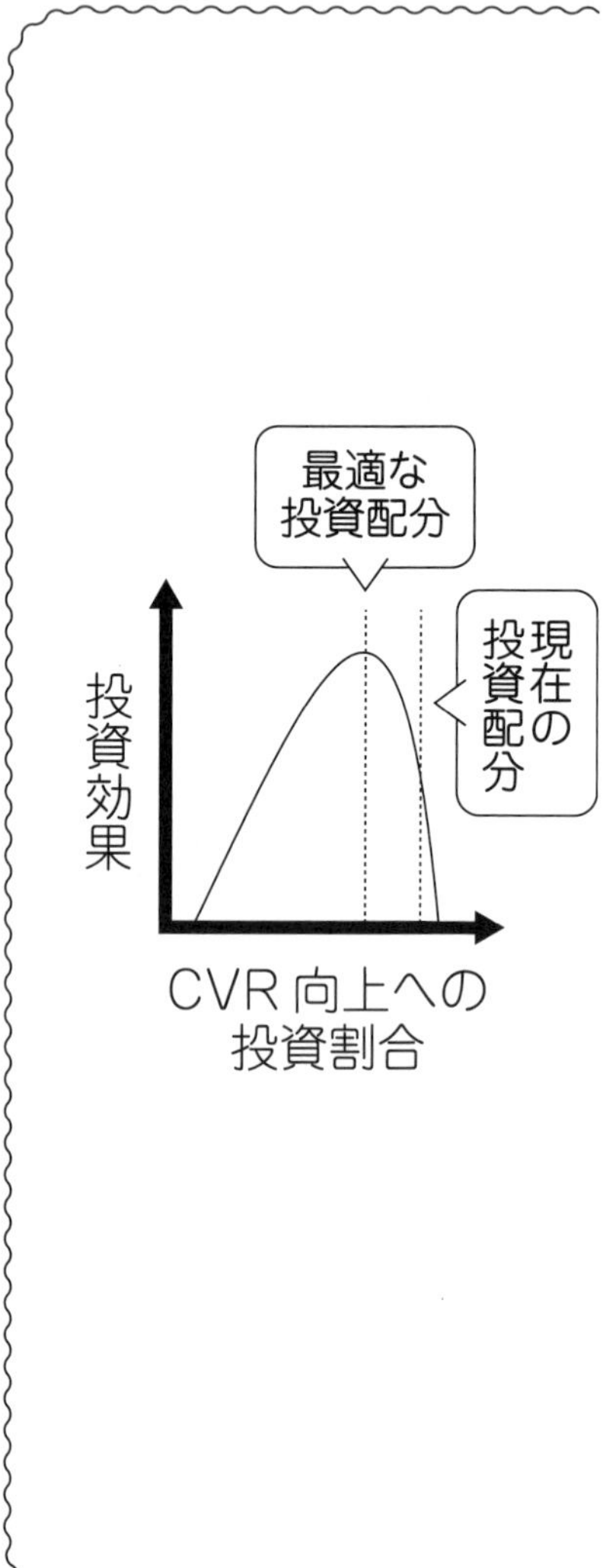

最適な投資配分も、実際の投資配分も、人によって異なる。

問題は、**最適な投資配分と、実際の投資配分が、大きくズレている人が、非常に多い**ということだ。

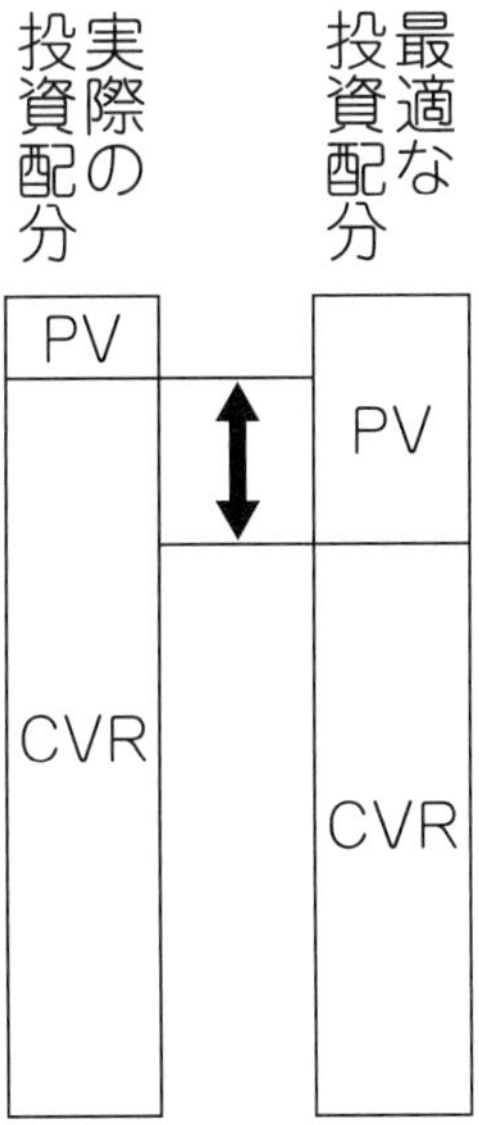

このせいで、実に多くの人の人生が、あまりうまくいっていない。

なんでこんなことになってしまうのかというと、**「成功は、運よりも、実力によって決まる」と思いこむ思考の錯覚**のせいだ。

実際には、単に実力があるかどうかで、いい環境をゲットできるかどうかが決まるわけではない。かなりの実力があるのに、ひどい環境で働いている人だってたくさんいるし、たいした実力がないのに、環境に恵まれている人だって、たくさんいるのだ。

なにがその違いを生んでいるかというと、錯覚資産と運なのだ。

成功の主要な要因が運であるということは、「サイコロを振る回数を増やさないことには、成功確率はなかなか上がらない」ということを意味する。

ＰＶの絶対数を増やさなければ、なかなかいい環境にはありつけないのだ。

にもかかわらず、この錯覚のせいで、ＰＶ向上のために投資する時間の比率が、最適値よりもはるかに低くなってしまって、実に多くのチャンスを逃してしまっている。

「成功は、運よりも、実力によって決まる」という思考の錯覚の有害性は、どんなに強調しても、強調しすぎることはないのである。

ふろむだ
@fromdusktildawn

思考の死角に棲む悪魔の奴隷から主人になる

よく、「ベンチャーでは、学歴なんて関係ないよ」って言われるが、

それを真に受けるのは愚かだ。

実際、成功した起業家の多くは、高学歴だ。

高学歴の人の成功確率が高いのは、単に彼らが優秀だからというだけじゃない。

彼らの「高学歴」がハロー効果を引き起こすから、成功確率が高いのだ。

多くの人は、「自分は、学歴なんかで人を判断しない。本当の実力を見抜いて判断しているのだ」と信じているが、実際には、思考の錯覚によって、無意識のうちに学歴で人を判断している。

出資してもらうときも、人材を採用するときも、この錯覚は、あなたの意識できないと

ころで、強烈に働いているのだ。

ここで重要なのは、ほとんどの人は、「自分が学歴で人を判断している」ということを、「認めたくない」ということだ。

「学歴で人を判断する人」は、一般に、「人間の真の実力や価値が見抜けない、浅はかで偏見に満ちた不公平な人間だ」と思われている。

「学歴で人を判断しない人」は、「人間の真の実力や価値が見抜ける、公平で、正しく、立派な人間だ」と思われている。

誰だって、自分が「浅はかで偏見に満ちた不公平な人間」だと思いたくないし、他人からもそう思われたくない。

誰だって、自分は「公平で、正しく、立派な人」だと思いこみたいし、他人からもそう思われたい。

だから、自分が無意識のうちに学歴で人を判断しているのにもかかわらず、**それを認めたくなくて、無意識のうちに、ごまかそうとする**のだ。

それだけではない。

これには、**利害**が絡んでいる。

周囲から、「学歴で判断せず、人間の真の実力や価値が見抜ける、公平で、正しく、立派な人間だ」と思われれば、**得**をする。

そういう「人間の真の実力を見抜ける人間」だと思われれば、部下や同僚からの信頼は厚くなるし、上司からの評価も上がる。

管理職としてふさわしい資質を備えているとみなされ、出世もしやすくなる。

得することばかりだ。

逆に、「学歴で判断するような不公平で浅はかな人間」であると思われると、周囲からの評価が下がり、人事評価まで下がりかねない。

大損だ。

だから、誰もが、「自分は、学歴で判断するような人間ではない」というフリをするのだ。

結局、ほとんどの人は、実際には学歴で人を判断しておきながら、錯覚と欺瞞によって、「自分は学歴では人を判断しない」って思っているし、周囲にもそうアピールするのだ。

じゃあ、結局、学歴のない人間は、一生浮かばれないってことかよ。

そんなことはない。

錯覚資産は、学歴以外にもたくさんある。

それどころか、年を取るにつれ、学歴という錯覚資産の資産価値はどんどん目減りしていく。

22歳の若者の場合は、「東大卒」というのは、強力な錯覚資産になる。
ハロー効果ばりばりで、ほんとに後光がさして見える。

しかし、30代半ばにもなって、「東大卒」ばかりをウリにしている人はちょっと微妙だ。
その年になって、まだ学歴ぐらいしかウリにできないとしたら、無能な人なんじゃないかと思われかねない。

だいたいそのぐらいの年の人は、別の錯覚資産で勝負してる。

たとえば？

たとえば、ブランド企業で働いたという経歴は、強力な錯覚資産になる。
元グーグルとか、元マッキンゼーとか。

グーグルにもマッキンゼーにも入れない人は？

有名な会社の執行役員とか○○部長とかだって、強力な錯覚資産になるよ。

それも無理なら？

別に、そんなに名前の知られてない企業でも、偉そうな肩書だったら、そこそこの錯覚資産にはなるよ。

「偉そうな肩書なんて欲しくない」って言う人は多いけど、実際には、偉そうな肩書は非常に重要だ。

「俺は肩書なんかで人間を判断したりしない」って思ってる人が多いけ

ど、たいていの人は、無意識のうちに肩書で判断しているからだ。

もちろん、ほとんどの人は、それを認めたくないし、**認めると損をする**ので、「俺は肩書なんかで人を判断したりしない」っていう、欺瞞を語る。

いやいや、本当に、肩書なんかに、たいした意味はないんだよ。肩書なんかにこだわっている限り、「本当の幸せ」は得られないよ。

なるほど。

それでは、ある有名な研究を紹介しよう。

フェスティンガーとカールスミスは、次のような実験を行なった。

《ステップ1》

被験者は、1時間、つまらない作業をやらされた。

《ステップ2》

被験者は、2つのグループに分けられた。

被験者は、実験担当者から「次に作業を行なう人に『面白い作業だった』と言ってください」と指示された。

そして、それを言う報酬として、それぞれ次の金額が与えられた。

- ・【グループ1】20ドル
- ・【グループ2】1ドル

《ステップ3》

被験者は、実験担当者から、作業が面白かったかどうかを尋ねられた。

すると、1ドルをもらった被験者のほうが、20ドルをもらった被験者より、「面白かった」と答える傾向が強かったんだ。

えええ？　つまり、給料を安くしたほうが、仕事を面白いと感じるようになるってこと？

ブラック企業経営者が喜びそうな実験結果だな。

どうして、こうなったの？

説明する。

まず、

「お金をたくさんもらえるなら、つまらない仕事でもやる」

っていうのは、ごく普通のことだよね。

うん。合理的な行動だね。

今の僕だな。今の会社、仕事つまんないけど、給料いいから続けてるー。

だから、報酬を20ドルもらった被験者の脳内は、穏やかなままだ。

報酬が20ドルの被験者の脳内

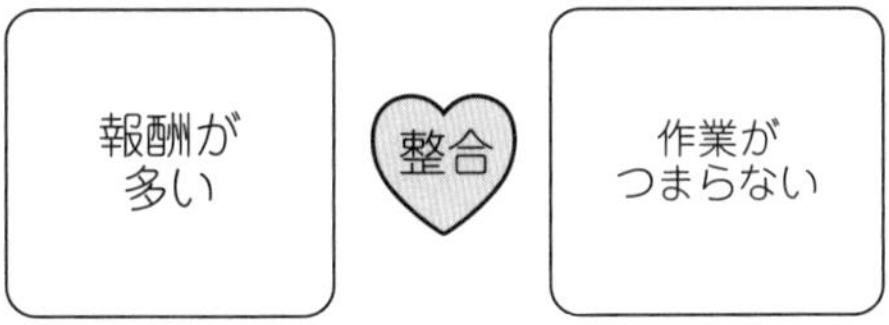

「報酬が多い」という事実と、「作業がつまらない」という事実が、整合しているわけね。

そうだ。

一方で、

「お金を少ししかもらえないのに、つまらない仕事をやる」

って、嫌だよね。

そうだね。そんな割に合わないことは、まっぴらごめんだね。

だから、報酬を1ドルしかもらえなかった被験者の脳内では、葛藤が生じる。

「なんで俺は、こんな少ない報酬で、こんなつまらない仕事をしてしまったんだろう」

ってね。

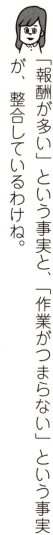

人間は、この矛盾に、耐えられないんだ。

だから、被験者は、次のどちらかの事実を変更して、矛盾をなくそうとするんだよ。

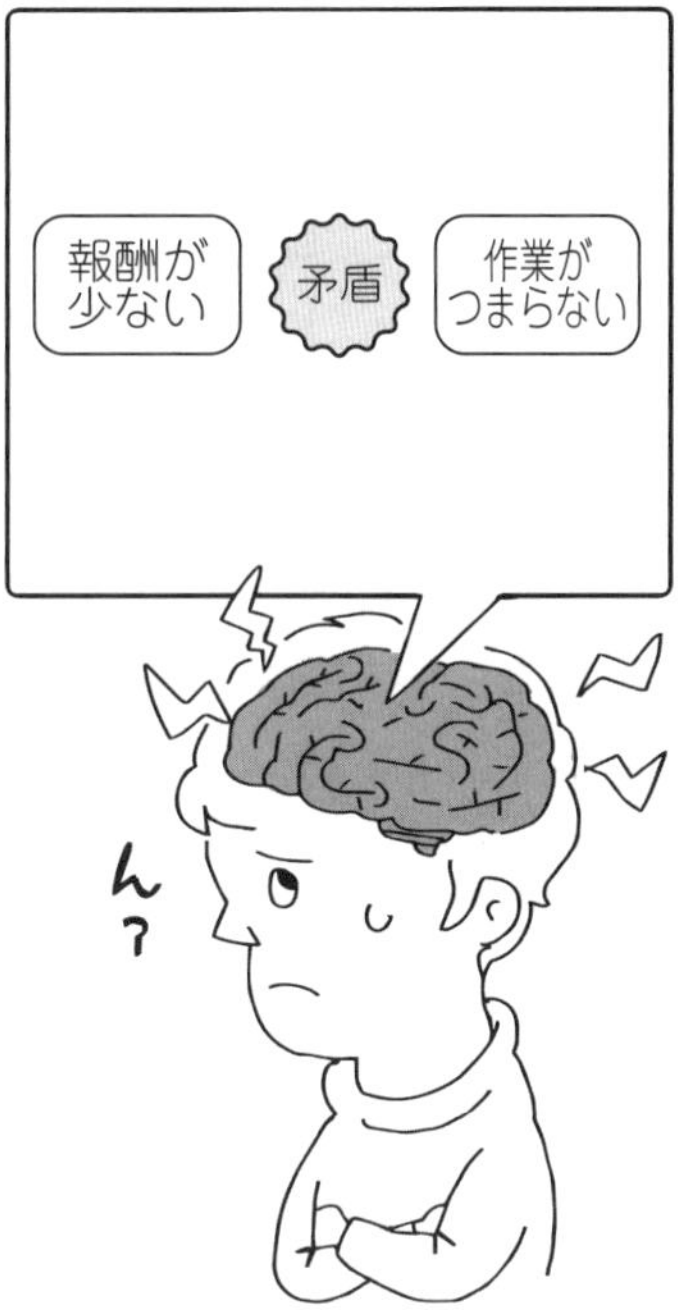

・「報酬が少ない」という事実

・「作業がつまらなかった」という事実

この実験では、被験者は、報酬を変更することはできなかった。
だから、「作業がつまらなかった」という事実のほうを、変更することにしたんだ。

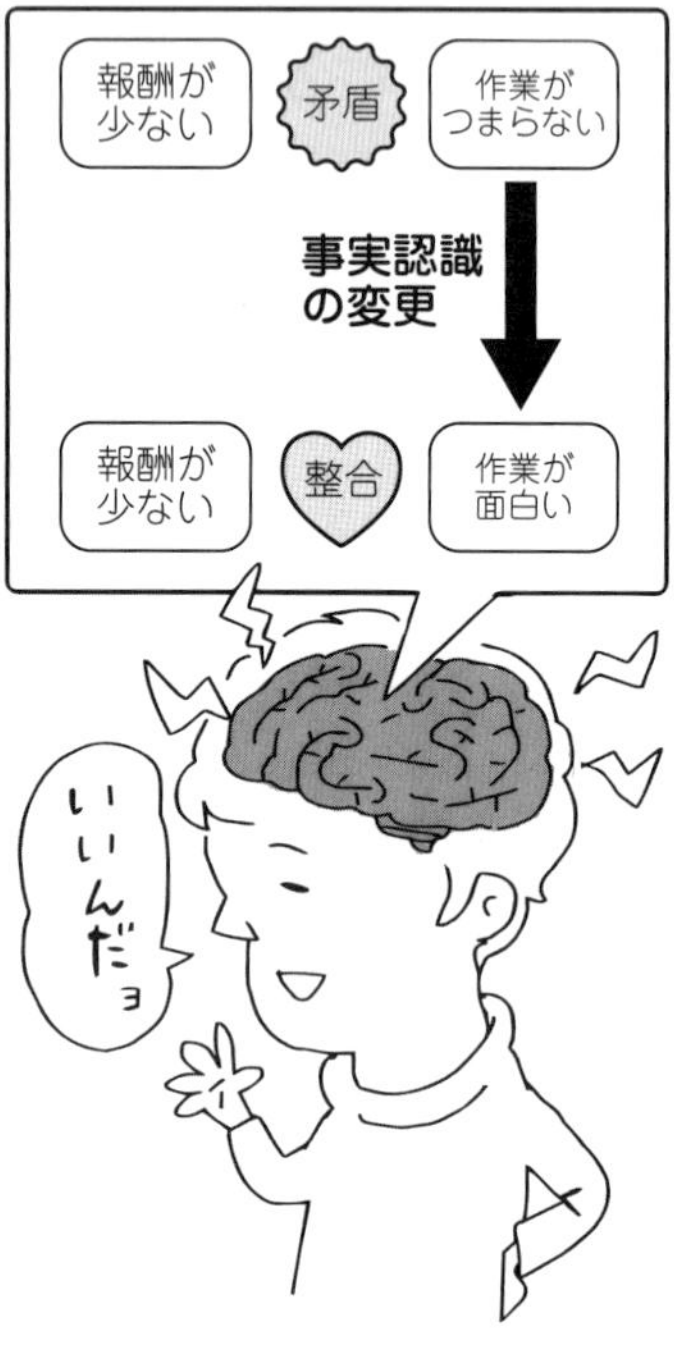

「いいんだよ、報酬は少なくても。だって、作業が面白かったんだから」って思うようにしたのだ。

だから、「面白い作業だった」とウソをついたわけか。

違う。

ここが一番重要なところなんだけど、

彼らは、ウソをついたわけじゃないんだ。

彼らの**「意識」**は、「作業は面白かった」という記憶を取り出して、それをそのまま**正直**に答えただけなんだ。

犯人は、彼らの**「無意識」**なんだよ。彼らの意識が知らないところで、彼らの無意識が、勝手に**記憶を書きかえて**しまったんだ。

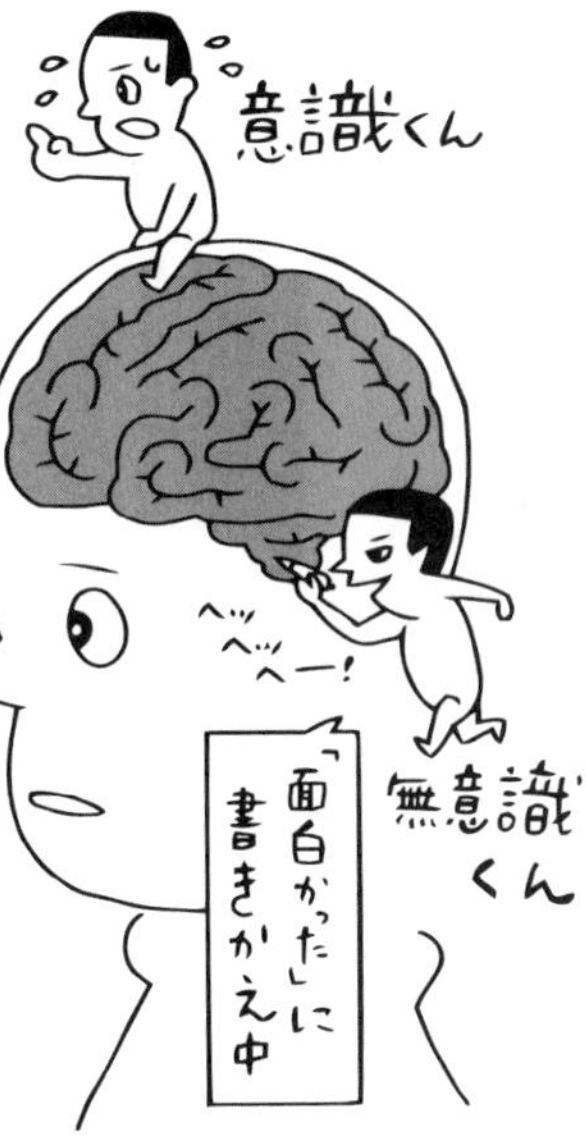

だから、彼らは、**本気で、「作業は楽しかった」と思ってる**んだよ。

こうして、安月給で喜んで働く社畜が出来上がるわけか。

これが、肩書の話と、どう関係があるの？

「肩書の価値を否定する、ろくな肩書のない人」の脳内でも、同じ現象が起きているんだ。

「自分にはろくな肩書がない」という事実と、「偉そうな肩書には価値がある」という事実は、矛盾する。

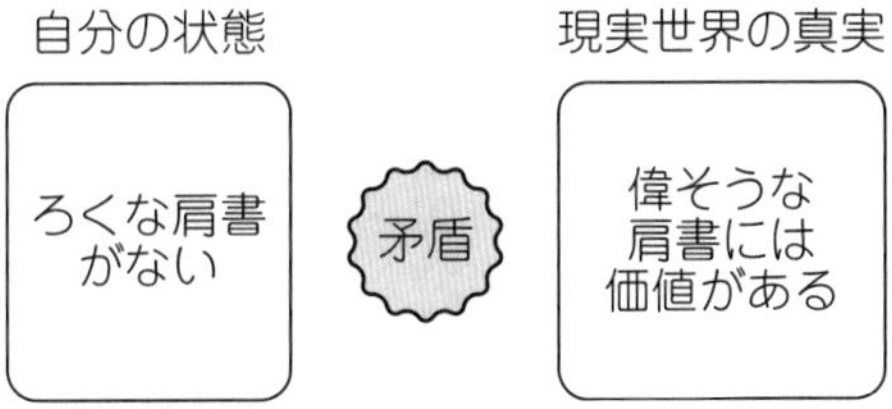

だから、人間は、無意識のうちに、この矛盾を解消しようとする。

「偉そうな肩書」を得られれば、矛盾は解決するが、それは、そんなに簡単に得られるものではない。

そこで、「無意識」は、「意識」の知らないところで、この矛盾を解消するために、「偉そうな肩書」の価値評価を書きかえるんだ。

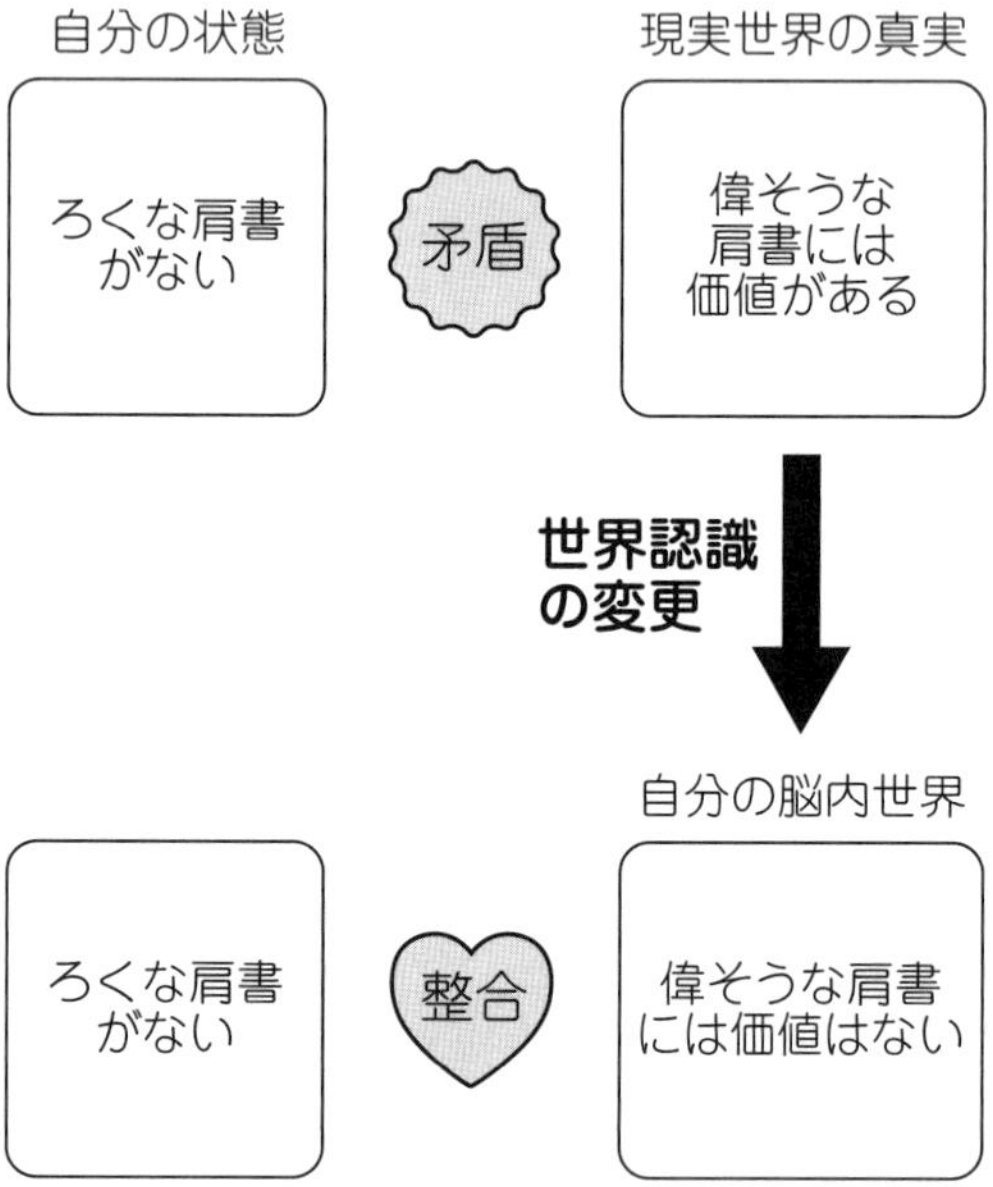

現実問題として、「立派な学歴」も「偉そうな肩書」も、強力な錯覚資産であり、**具体的な価値**があるものだ。

にもかかわらず、その価値評価を書きかえて、無価値なものと認識してしまうと、
現実世界では、立派な学歴も、偉そうな肩書も得られなくなり、
あなたの錯覚資産は育たず、
人生はハードモードの糞ゲーになる。

これって、学歴と肩書に限った話じゃないよね。

そうなんだ。
具体的な価値を持つ属性、ほぼすべてに起きる**思考の錯覚**なんだ。

たとえば、次のようなケースだ。

・勉強の苦手な人が「勉強のできる奴は心が冷たい」と思う。

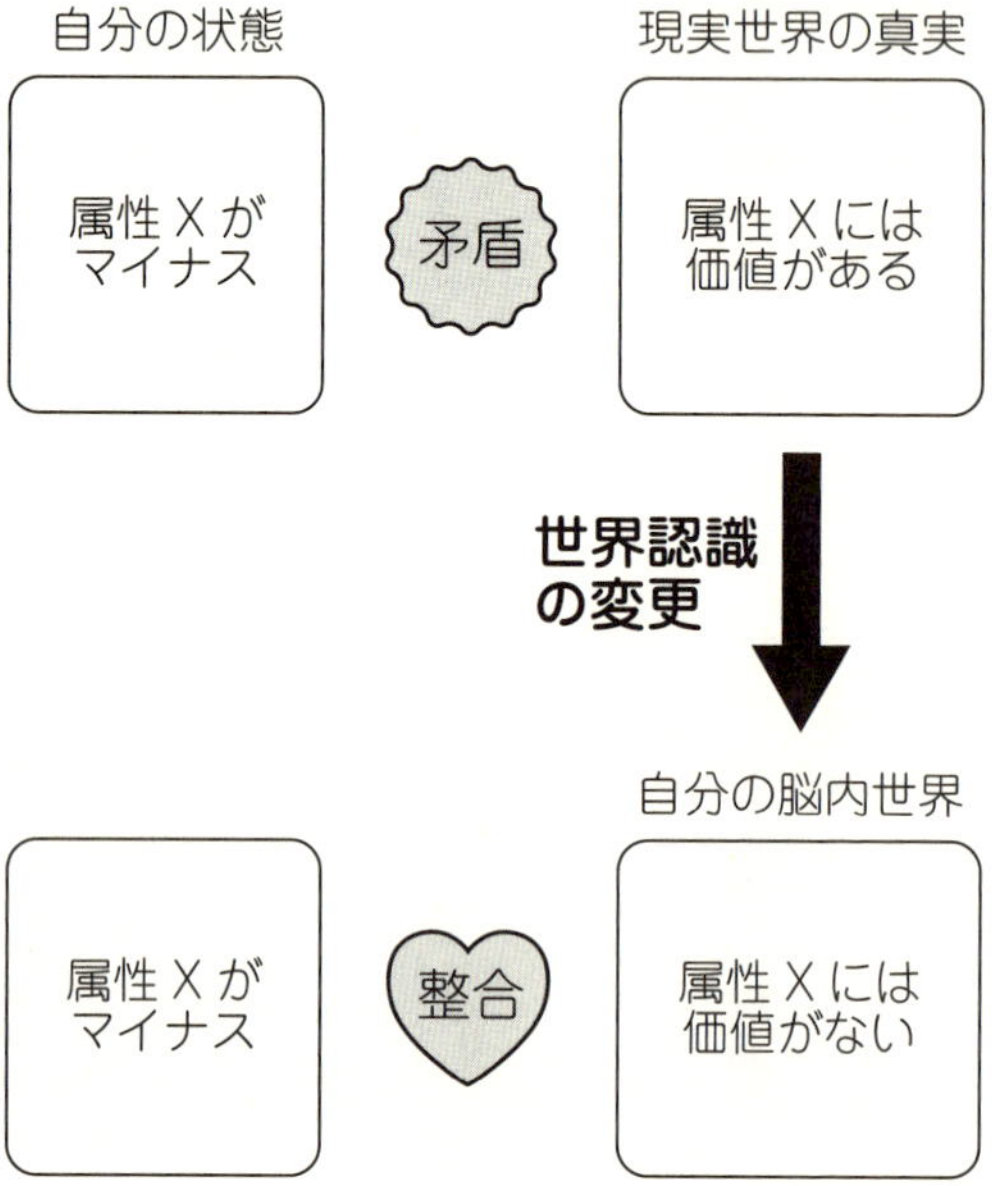

- **ブサイクな人が「見た目じゃなくて中身が大切だ」と思う。**
- **運動の苦手な人が、スポーツマンを「脳筋バカ」だと思う。**
- **貧乏な人が「卑怯なことを平気でやる人間が金持ちになるんだ」と思う。**

現実世界の敗者が、自分の脳内世界で価値評価を捏造《ねつぞう》し、脳内世界で密かに復讐を遂げるんだ。

しかも、本人は、それをやってる**自覚がない。**

陰湿だね。

いや、陰湿なだけでは済まされない。

この状態に陥ると、空想世界での勝利と引き換えに、現実を動かし、人生を切り開いていく力をどんどん失っていくんだ。

キモくて、カネがなく、無知で、頭が悪く、弱く、不健康な人間は、それらのマイナスの状態から脱出する力を失って、泥沼の中に沈んでいくんだ。

どうすれば、それを避けられるの？

認識ではなく、現実を変えることで、この矛盾を解消することだ。

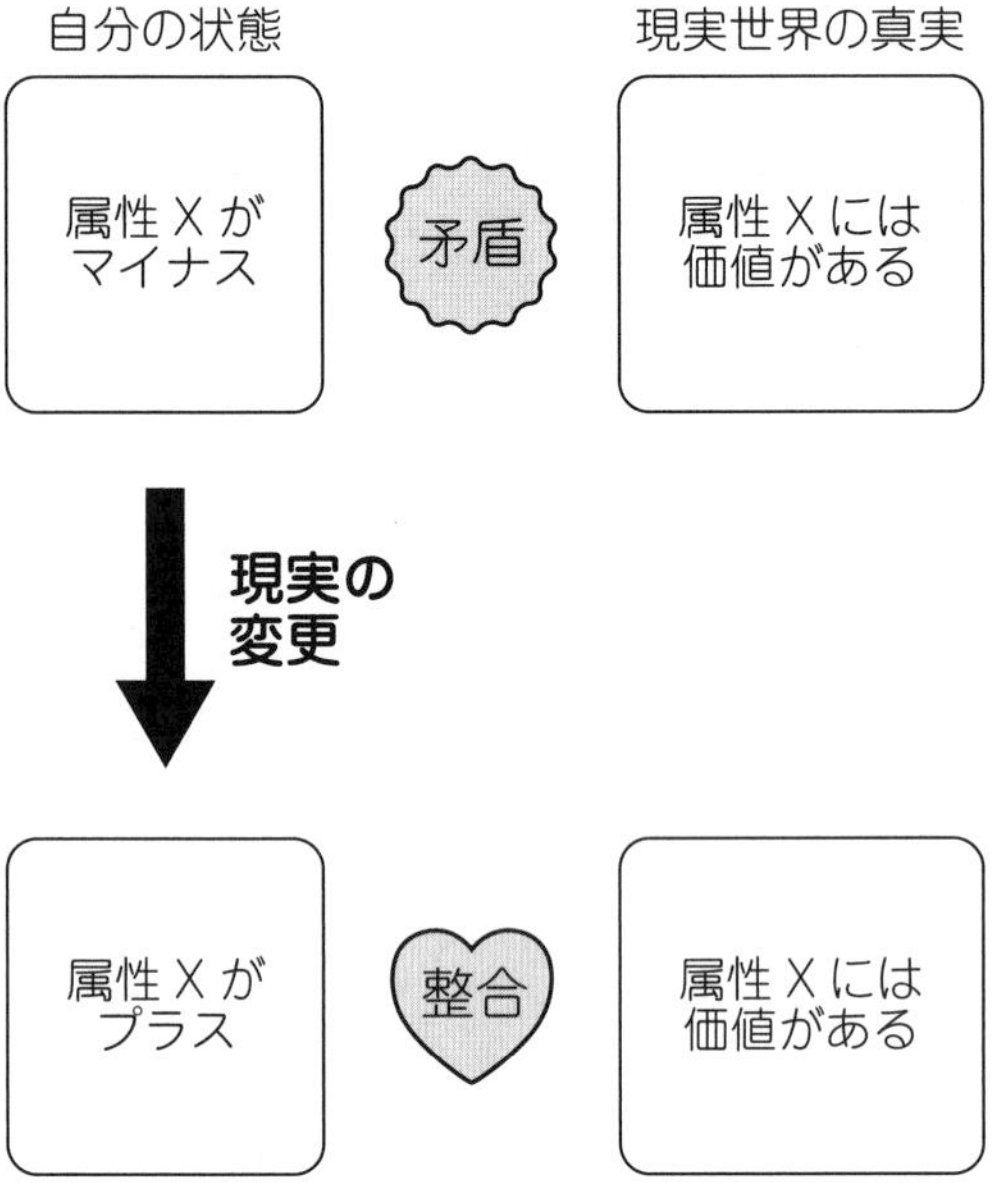

自分よりも優秀なＩＴエンジニアを見かけたら、自分の技術力を鍛えて、自分も優秀なＩＴエンジニアになればいい。

努力しても、属性Ｘをプラスにできそうもないときは？

マインドセットを、「自分でやる」モードから「人を使う」モードに切り替えればいい。

鉄鋼会社で巨万の富を築いたアンドリュー・カーネギーの墓碑には、次のように書いてある。

・己より賢き者を近づける術《すべ》知りたる者、ここに眠る。

つまり、なにもすべての属性について、自分自身の属性Ｘをプラスにする必要なんてない。

むしろ、それぞれの属性について、その属性がプラスの人間をうまく使って、自分の人生を切り開いていったほうが、効率がいい。

つまり、認知的不協和を、こういう風に解消するんだ。

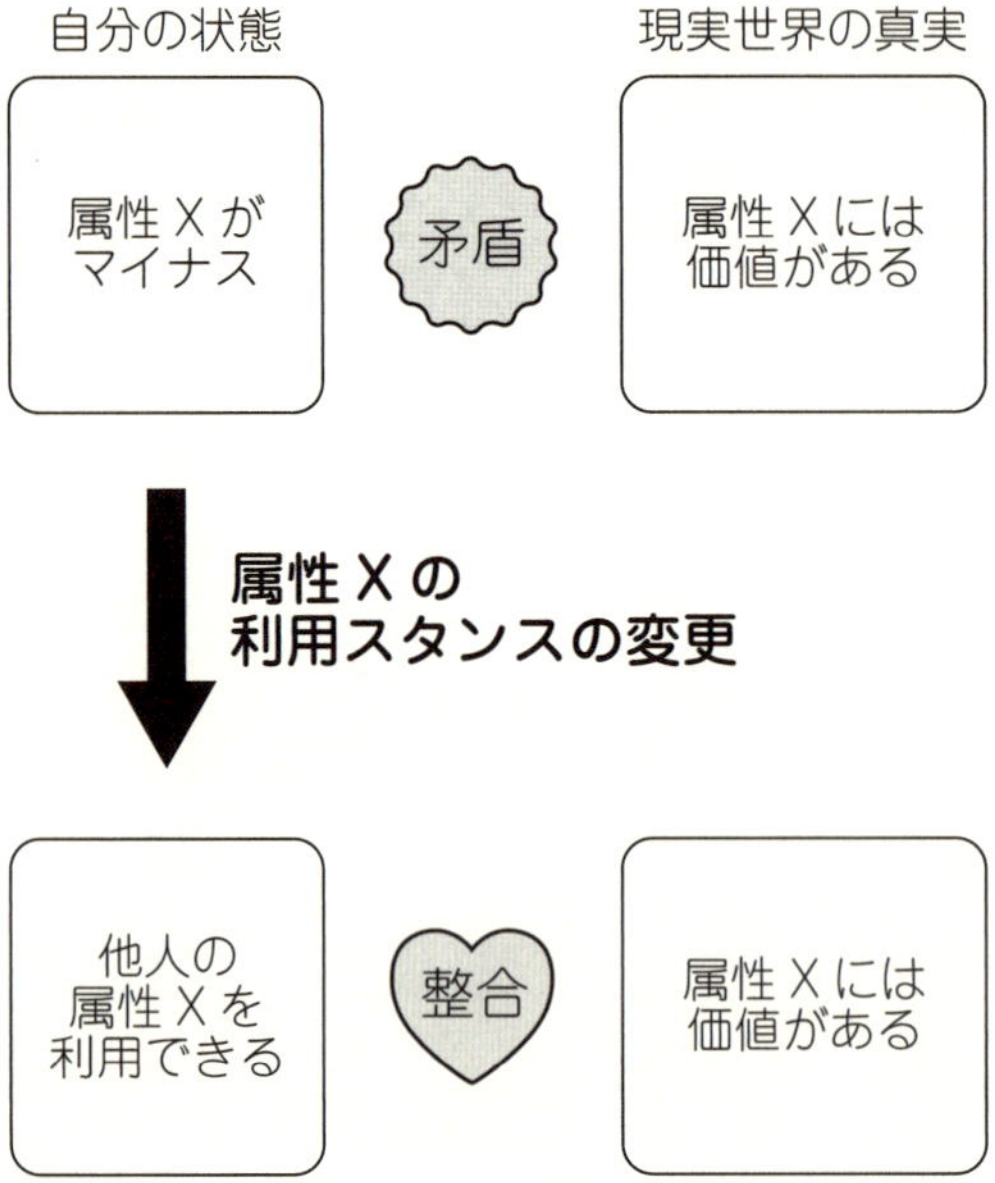

たとえば、自分より優れたＩＴエンジニアに会ったら、そのＩＴエンジニアを使って、自分が利益を得る方法を考える。

次のようなものが考えられる。

・自分が起業するときに、そのＩＴエンジニアを共同創業者に誘う。もしくは、社員として雇う。
・自分が転職して管理職になったら、そのＩＴエンジニアをヘッドハントして、自分の部下にする。
・ＩＴエンジニアを探している友人に、そのＩＴエンジニアを紹介してやる。
・そのＩＴエンジニアに教えてもらって、高度な技術を楽して習得する。

「認知的不協和」って？

この矛盾のことを、心理学の用語で「認知的不協和」と言うんだ。

ちなみに、筆者が大学で最初に習った認知バイアスは、この「認知的不協和の理論」だった。

その人を利用できなそうだったら?

役に立たない資源なので、「利用価値なし」とラベルを貼って、距離を置く。

そして、くれぐれも、強い、美しい、豊か、健康、賢い、などの現実世界におけるプラスの価値自体を、自分の脳内で否定したりしないように、注意深く自分の無意識を見張る。

「プラスの価値はすべて利用資源であって、それを否定すると損をする」と自分に言い聞かせる。

つまり、こういう風に認知的不協和を解消するんだ。

自分の状態を、

「いつかチャンスが来たら、他人の属性Xを利用してやろうと待ち構えている状態」として、認識するようにする。

そして、どうやって利用してやろうかと、いろいろ考えるんだ。

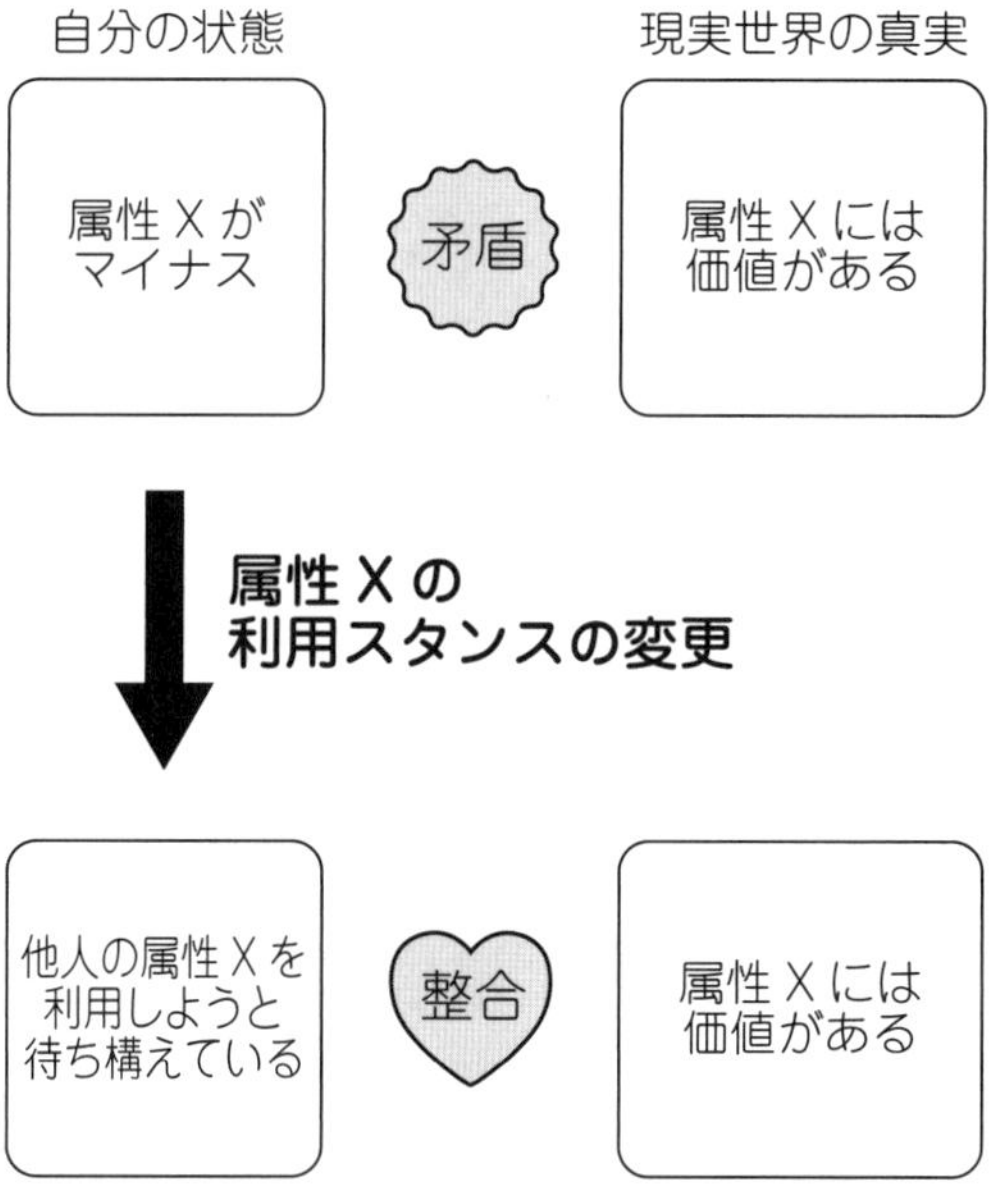

こうやって、有害な思考の錯覚を取り除けばいいわけか。

これ、ほんとに「有害」なのかな？

え？

たとえば、「どうやっても健康になれない人」は、「健康な事には、そんなに価値はない」って思ったほうが、心安らかに生きていけるんじゃないの？

いい指摘だね。

そのとおりだ。

重篤な病人にモルヒネが必要なように、むしろ、この思考の錯覚が必要な人もいる。

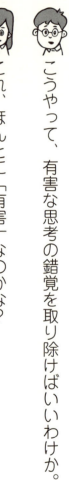

ただ、モルヒネを無節操に摂取し続けると有害なように、
この思考の錯覚に無節操におぼれるのも有害だ。

もちろん、現実から目を背け、モルヒネの見せる甘い夢の中で、安らかに衰弱していく人生を選びたいなら、そうすればいい。

しかし、現実を動かし、現実を変えていこうと思っているなら、モルヒネは断ったほうがいい。

どちらを選ぶのも、あなたの自由だ。

ここで重要なのは、あなたが、選択の自由を手に入れたという点だ。
多くの人は、この思考の錯覚が見えない。
だから、選ぶことすらできずに、この錯覚の悪魔に魂を食い荒らされ、沼の底に沈んでいくしかない。

しかし、今や、この錯覚の悪魔が見えるようになったあなたは、

この悪魔の奴隷から、主人になった。

自分が認知的不協和の毒に蝕まれないようにするだけでなく、
他人の認知的不協和を利用して、自分に有利に物事を進めることもできるようになった。

あなたは、力を手に入れたのだ。

この悪魔をどう使うかは、今や、あなた次第なのだ。

ふろむだ

@fromdusktildawn

美しき敗者と醜悪な勝者、どちらになるべきか？

思考の錯覚なしでは、人類文明は成り立たないよ。

え？　なんで？

たとえば、マンガの主人公が「実は高貴な血を受け継いでいた」っていう設定があったりするよね。
あれでハロー効果が生じて、主人公の行動に、いちいち説得力が出たりしてるよね。

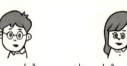

そうそう。作者は、思考の錯覚を使って、物語を組み立ててる。だから、思考の錯覚を一切使えなくなったら、映画も、漫画も、小説も、どれも成り立たなくなるわ。

だよね。人類文明は、思考の錯覚で創られているんだ。それなしでは、文化も文明も、成り立たないんだよ。

……なんだか、退屈な話が続くな。眠くなってきた。さっきの認知的不協和の理論もそうだけど、話が散漫で、ぜんぜん面白くない。なんていうか、いろいろ矛盾してない？　錯覚資産は、「卑怯な武器」だったはずでは？

いや、矛盾してはいない。

単に、1つの本の中で、物事の「複数の側面」が描かれたので、勢いを失い、わかりにくく、退屈で、説得力がなくなっているだけだ。

たしかに。どうしてそうなるの？

それを理解するために、認知心理学者のエイモス・トベルスキーらが1996年に行なった実験を見てみよう。

この実験の詳細をそのまま説明すると、話が煩雑でわかりにくいので、わかりやすくなるように、少し話を加工して説明する。

この実験は、模擬裁判のようなものだと思ってほしい。

民事裁判なので、「原告」と「被告」がいる。
「原告」というのは、訴える側のこと。
「被告」というのは、訴えられる側のこと。

被験者は、事件の概要を聞かされた後、3つのグループに分けられ、それぞれ、次のように話を聞いた。

・グループ1：原告側の弁護士の話だけを聞いた。
・グループ2：被告側の弁護士の話だけを聞いた。
・グループ3：原告側と被告側の両方の弁護士の話を聞いた。

※弁護士からは、新しい情報は、一切提供されていない。

すると、グループ1は、「原告側に有利な情報」が思い浮かびやすくなる。

原告側に有利な情報

被告側に有利な情報

グループ2は、「被告側に有利な情報」が思い浮かびやすくなる。

原告側に有利な情報

被告側に有利な情報

グループ3は、両方の情報が思い浮かびやすくなる。

原告側に有利な情報

被告側に有利な情報

結果、どうなったか？

グループ1は原告に有利な判断をし、

グループ2は被告に有利な判断をした。

ここで**注目すべきなのは、片方の説明しか聞いていないグループ1とグループ2が、両方の説明を聞いたグループ3より、自分の判断に、ずっと自信を持っていたという点**だ。

「被告が悪い」という物語は、わかりやすい。
いろんな情報があるけど、すべての情報は、被告が悪いということで、説明がつく。
だから、話の全体像が理解しやすい。
矛盾がなく、一貫している。
その判断は正しいと思う。自信を持って。

まったく同様に、「原告が悪い」という物語も、わかりやすい。
すべての情報は、原告が悪いということで、説明がつく。
矛盾がなく、一貫している。

だから、その判断は正しいと思う。自信を持って。

しかし、グループ3のように、判断に必要な情報をすべて考慮して考えようとすると、シンプルでわかりやすいストーリーが成り立たず、相矛盾する情報から、どう判断するかがわからなくなり、自分の判断に自信が持てなくなるのだ。

つまり、人間は、**「一貫して偏った間違った物語」に説得力と魅力を感じるんだ。**

人間は、**「バランスの取れた総合的な正しい判断」は、説得力がなく、退屈で面白くない**と感じるんだ。

だから、「錯覚資産には、こういう別の側面もあるよ」なんてことは書かないほうが、魅力的で説得力のある本になる。

読者は、「錯覚資産は卑怯な武器」という「一貫して偏った物語」になっていると、説得力と魅力を感じるんだ。

でも、ゆがんだレンズを外して見ると、現実というのは、一貫してもいないし、偏ってもいない。

錯覚資産は卑怯な武器

錯覚資産は文化の要素

錯覚資産は卑怯な武器

錯覚資産は文化の要素

現実というのは、なんとも、矛盾だらけで、散漫で、退屈で、面白くないものなんだ。

でも、こちらのほうが、真実に近いんだ。

しかし、**真実を語れば語るほど、あなたの言葉は勢いを失い、魅力を失い、錯覚資産はあなたから遠のいていく。**

大きな錯覚資産を手に入れたいなら、「一貫して偏ったストーリー」を語らなければならない。

バランスの取れた正しい主張などに、人は魅力を感じない。

それでは、人は動かせない。

「シンプルでわかりやすいこと」を、それが真実であるかのように言い切ってしまえ。

本当は断定できないことを、断定してしまえ。

人々が党派に分かれて対立しているなら、あなたは、自分がどちらの党派であるのか、旗色を鮮明にしたほうがいい。

裁判官になろうとしたら、負けだ。

原告側にしろ、被告側にしろ、あなたは、弁護士にならないといけない。
どちらに味方するのかを表明し、味方を擁護する証拠を集め、味方を擁護するロジックを組み立てるのだ。

そうすれば、あなたの主張には、**思考の錯覚の魔力が宿る。**
その主張は多くの味方を魅了し、ハロー効果を創り出す。
そして、それは、**大きな錯覚資産に育っていく**のだ。

うーん。そこまでして錯覚資産を手に入れたいとは思わないな。

もちろん、君みたいな人も多いだろう。
ぶっちゃけ、**こういう生き方は醜い。**
しかし、そういう醜い生き方を避けると、錯覚資産は手に入れにくくなる。
そうすると、どうしても人生はうまくいかなくなる。

醜悪な生き方だが、うまくいく人生。

美しい生き方だが、うまくいかない人生。


どちらを選ぶ？

どちらも、嫌だなあ。なんか、無意味なトレードオフにとらわれてない？「美しい生き方をしながら、うまくいく人生」っていう選択肢はないの？

そう。誰でもそう考える。

そこで、成功者たちが見つけ出したのが、錯覚資産に「信用」とか「ブランド」というラベルを貼って、その醜悪さを隠蔽するという錬金術だったのだ。

僕は、信用のある立派な人間だ。

だから、成功したんだ。

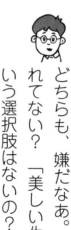

そう言い切ってしまえばいい。

信用のある立派な人間になるというのは、美しい生き方だし、
その信用によって、人生がうまくいく。

最高の生き方じゃないか。

しかし、それは、錬金術ではなく、紙幣の偽造なのだ。

醜悪な生き方をしておきながら、
その醜悪さを欺瞞によって隠蔽するという、
醜いだけじゃなく、卑劣な生き方だ。

つまり、3つの選択肢がある。

・醜悪な生き方だが、人生はうまくいく。

・美しい生き方だが、人生はうまくいかない。

・醜悪なことをやりつつ、その醜悪さを隠蔽する卑劣な生き方をしながら、人生はうまくいく。

「醜悪」というのは、言いすぎじゃないかな。わかりやすく説明するために、本当は言い切れないことを言い切ってしまうというのは、「方便」でしょ。

そうだね。
なにが美しくて、なにが醜いのかなんていうのは、個人の感じ方。人それぞれだ。
この程度のことは、生きていくための方便に過ぎないって感じる人も、多いさ。

それに、選択肢は3つしかないのではなく、この3つの選択肢の中間に無限のグラデーションが広がっている。

人生とは、その無限のグラデーションの中を生きるということだ。

一貫して偏ったストーリーって、結局は、間違っているんだよね。間違った認識を持っていたら、人生の判断を誤るんじゃないの？

いい指摘だ。

ここは、非常に重要なところだ。

この問題を解決するには、自分の内側と、外側を分ければいい。

なにかを主張するときは、「一貫して偏ったストーリー」を語る。

しかし、自分の人生の選択をするときは、徹底的に「正しい判断」をすることにこだわるんだ。

判断のシステムを、二重化するんだ。

うわ。めんどくさそう。

いや、それほどでもない。

やってみるとわかるが、慣れると、呼吸するように自然にできるようになる。

ただし、気をつけなきゃならないのは、「一貫して偏ったストーリー」を語っているうちに、自分でもそれを信じ込んでしまい、人生の判断を誤るということだ。

ミイラ取りがミイラにならないよう、気をつけなければいけない。

うーん。気をつけていても、ミイラ取りになっちゃいそうで心配。

じゃあ、ミイラ取りにならないようにするための、簡単なトレーニングをご紹介する。

正反対の「一貫して偏ったストーリー」を、両方とも、書き出してみる。

それだけだ。

少なくとも、どちらか片方は間違っているはずなのに、どちらも正しいかのように見えてしまうから。

これを繰り返すと、どんなに正しく見える「一貫して偏ったストーリー」にも、簡単には騙されなくなる。

私はこれを、「分裂勘違い君劇場」というブログでやっていた。

たとえば、「日本では、『空気読め』っていう風潮が、人々を生きにくくしている」ということを主張している人がいた。

つまり、「空気を読む」ということに対する否定的な論調だ。

これは1つの、「一貫して偏ったストーリー」だから、魅力的だし、説得力を持つ。

これにぶつける形で、私は、「空気を読む」ということに対して、肯定的なブログ記事を書いた。

『「おまえも空気の奴隷になれ」って？「空気読め」の扱い方次第で人生台無し』というなんだかよくわからないタイトルの記事だ。

http://d.hatena.ne.jp/fromdusktildawn/20060412/1144833374

これには多くの賛同が集まり、はてなの人気ランキングで1位になった。

そして、その2日後、その真逆の論調の記事を書いた。

「空気を読む」ということに対する否定的な論調の記事だ。

『コミュニケーション能力をウリにする人が醜悪な理由』というタイトルの記事だ。

http://d.hatena.ne.jp/fromdusktildawn/20060414/1144999515

こっちも多くの賛同を集め、やはり、はてなの人気ランキングで1位になった。

前の記事に賛同した人は、ズコーっとなったわけだ。

まったく正反対の論調の記事が、どちらも、十分な説得力を持ちうることが、示されてしまったんだ。

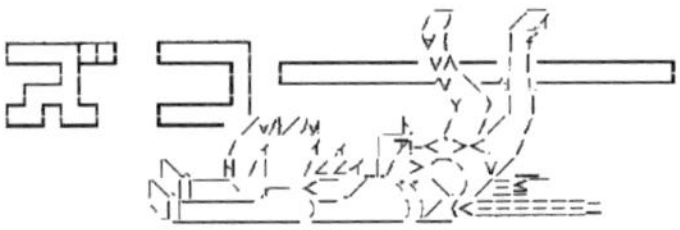

実は、「分裂勘違い君劇場」というブログ名が示すように、これが、このブログのコンセプトなんだ。

ある1つの、説得力を持つ言説があるとき、それと正反対の、やはり説得力のある言説が可能だ、ということをデモンストレーションするブログなんだ。

「一貫して偏った、説得力のあるストーリー」を、「これこそ真実だ」と持ち上げる人たちの愚かさを、実例をもって示してみせるブログだったんだ。

このブログは、当時、「ちゃぶ台返しのブログ」として人気を博し、全部で100本にも満たない記事しか書いていないのに、のべ数百万人に読まれた。

それによって、ふろむだ（fromdusktildawn）というハンドル名は、それなりの錯覚資産を手に入れたわけだ。

この本を書くことができたのも、その錯覚資産のおかげだ。

この「分裂勘違い君劇場」のように、自分のなかで、互いに正反対の、一貫して偏った説得力のあるストーリーの対を、ときどき作るようにすれば、ミイラ取りがミイラになることを回避するための思考の体力が、だいぶ鍛えられると思う。

ＯＫ。だいぶ錯覚資産の輪郭が見えてきた。ただ、なんだかいまいち散漫だな。なんかこう、図かなんかで整理できないかな？

それでは、次は、それをやることにしよう。

ただし、錯覚資産を図解するには、あらかじめ「感情ヒューリスティック」を理解しておく必要がある。

なので、先に、感情ヒューリスティックについて説明する。

ふろむだ
@fromdusktildawn

有能な人と無能な人を即座に見分けられるのはなぜか？

心理学者のポール・スロビックのチームは、次のような実験を行なった。

まず、被験者に、次のような技術について、「個人的好き嫌い」を答えてもらった。

- **水道水へのフッ素添加**
- **化学プラント**
- **食品防腐剤**
- **自動車**

次に、それぞれのメリットとリスクを書き出してもらった。

どういう結果になったと思う？

『「個人的な好ましさ」と「メリットの大きさ」』は、ありえないほど高い相関を示した。同様に、『「個人的な好ましさ」と「リスクの小ささ」』、『「リスクの小ささ」と「メリットの大きさ」』も、それぞれ、ありえないほど高い相関を示した。

つまり、ある技術に好感を抱いている場合は、メリットを高く評価し、リスクはほとんど考慮しない。逆に、ある技術が嫌いな場合、リスクを強調し、メリットはほとんど思い浮かばない。

わかりやすいようにイメージ図にすると、こんな感じになったということだ。

①

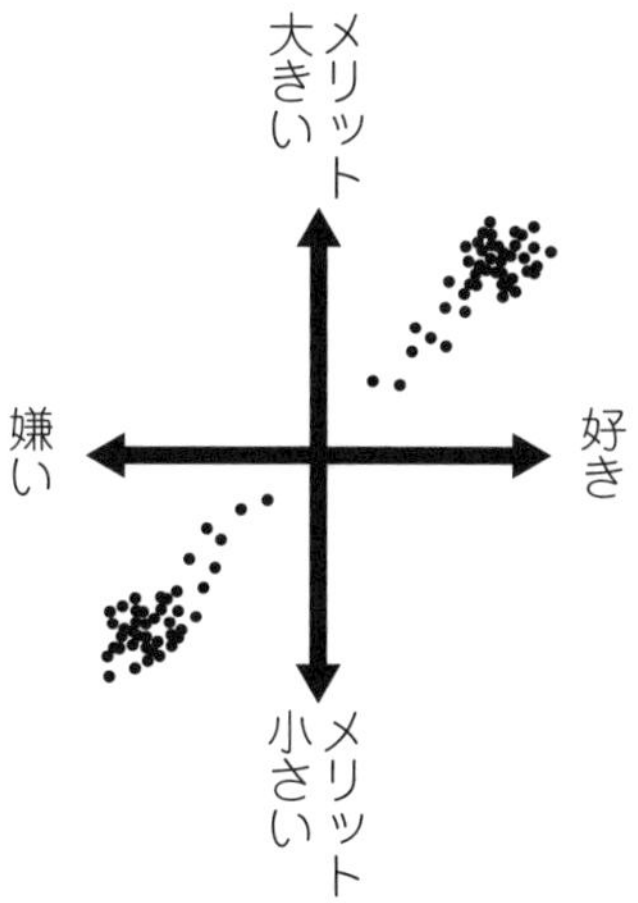

②

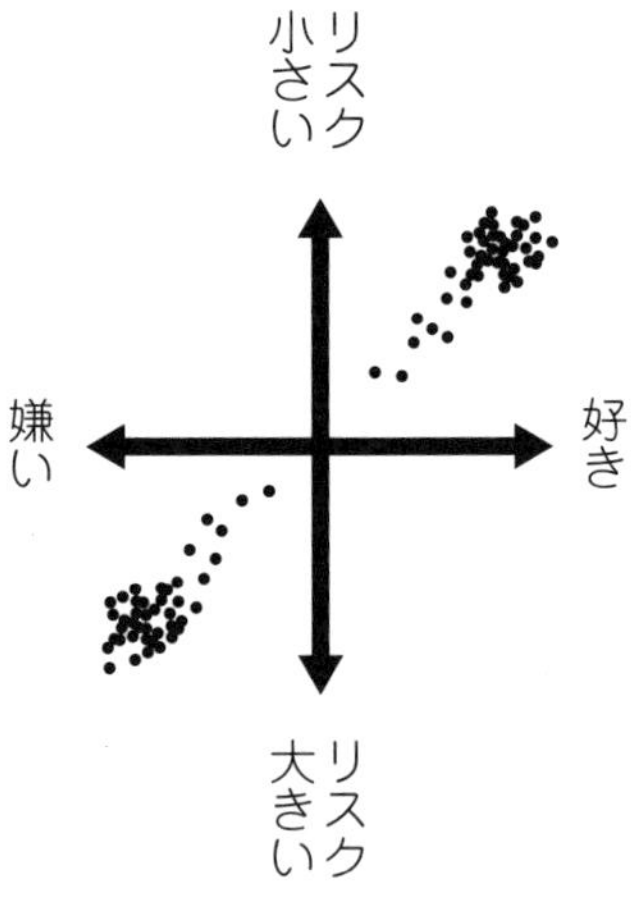

③

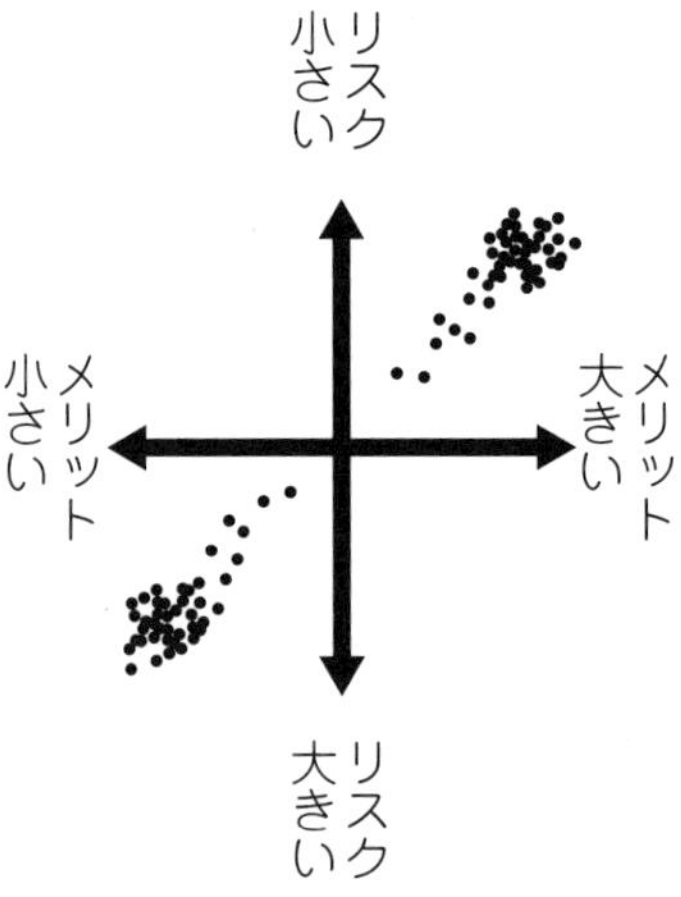

こりゃ、ひどいな。「①メリットの大きいものを好きになる」ってのなら、わかるよ。「②リスクの小さいものを好きになる」というのも、わかる。しかし、「③メリットの大きなものは、リスクも小さい」って、めちゃくちゃじゃないか！

「メリットの小さいものは、リスクが大きい」というのも、本当にひどい偏見だわ。

これ、同じ実験を、時間制限を厳しくしてやったら、さらに相関は、強まったんだよね。

つまり、**よく考えずに、直感的にぱっと判断すると**、ますます「メリットの大きいものはリスクが低く、メリットの小さいものはリスクが大きい」って思うんだ。

直感が、いかにアテにならないかが、非常によくわかる実験なんだ。

さらに驚くべきことは、**毒物のリスク評価の専門家である英国毒物学会の会員まで、同様の回答をした**ということだ。

彼らは、自分が危険だと考えている物質や技術には、ほとんどメリットを見出さず、その逆も成り立ったのだ。

つまり、多くの人間の頭の中では、**水戸黄門なみに一貫したストーリー**が出来上がっているのだ。

みんなに愛される正義のヒーロー黄門様は、見た目も善人なら、中身も善人だ。

親切で徳が高く、常によいことしかしない。卑怯な事なんて1つもしない。
単純明快で、一貫していて、わかりやすいキャラクターだ。

皆に嫌われる悪代官は、見た目も悪人面だし、やることなすこと全部悪い。
いい点なんて1つもない。

やはり、単純明快で、一貫していて、わかりやすいキャラクターだ。

それと同じように、**好ましい技術というのはメリットばかりでリスクなんてほとんどないし、気に入らない技術というのは、メリットなんてほとんどなく、リスクは非常に大きい**のだ。

しかし、実際の人間は複雑だ。

階段でおばあちゃんを助けるような親切な人が、会社では部下の手柄を横取りする卑怯者で、しかし家に帰ると娘に優しく勉強を教えるパパで、一方で、妻にばれないようにこっそり浮気していたりする。

人間は矛盾だらけで、その人が「いい人」なのか、「悪い人」なのか、なかなか簡単には決められない。

それと同じように、現実世界の選択肢は、矛盾だらけ、トレードオフだらけだ。

メリットは大きいけれどリスクも大きい選択肢とか、リスクは小さいけれどメリットもたいしたことない選択肢とか。

しかし、多くの人間の頭の中の世界では、選択肢に、そうした**トレードオフがない**のだ。

メリットが大きい技術はリスクが小さいし、リスクが大きい技術はメリットなんてほとんどない。

だから、**世界は単純明快で、判断は簡単で、難しいトレードオフに直面して悩む必要なんて、ない**のである。**人間の頭の中では。**

これは、先ほどの党派性の話につながっている。

人間の直感は、なんであれ、敵か味方かに分けて、世界を認識しているのだ。

この実験は、「技術」という、一見無機質なものですら、人間の脳内では、敵か味方かに分かれるということを示している。自分が敵とみなした技術は、リスクだらけで、メリットなんてほとんどないし、味方とみなした技術は、リスクは低く、メリットだらけなのである。

話はこれで終わりではない。

これは、実験の第一段階に過ぎない。

この実験の**クライマックスは、この後の、第二段階の部分**にある。

第二段階では、被験者は2つのグループに分けられた。

第一グループは、それぞれの技術のさまざまなメリットを強調するメッセージを聞かされた。

第二グループは、それぞれの技術のリスクの低さを強調するメッセージを聞かされた。

すると、**これらのメッセージは、それぞれの技術に対する好感度を劇的に変えてしまった**のだ。

そして、その後に、再度、リスクとメリットを評価してもらった。

結果は、衝撃的なものだった。

メリットを強調するメッセージを聞いた被験者は、リスク評価まで変えてしまったし、リスクの低さを強調するメッセージを聞いた被験者は、メリットの評価まで変えてしまったのだ。

メリットを強調するメッセージを聞いた被験者は、リスクについて新たな情報を知ったわけでもないのに、前より好きになった技術は、前ほど危険には感じられなくなった。

また、リスクの低さを強調するメッセージを聞いた被験者は、前よりも好きになった技術のメリットを、前よりも高く評価するようになったのだ。

つまり、**好き嫌い、メリット、リスクのいずれかの変数値が脳内で変化すると、その変数値が他の変数値と矛盾しないように、他のすべての変数値が変化して辻褄を合わせるようになっている**のだ。

まるで、タイムトラベルをして過去を変えると、それと矛盾がないように、現在の世界も変化するように。

これも、意識の知らないところで、無意識が勝手に、好き嫌い、メリット、リスクの変数値を書きかえることで起きる現象だ。

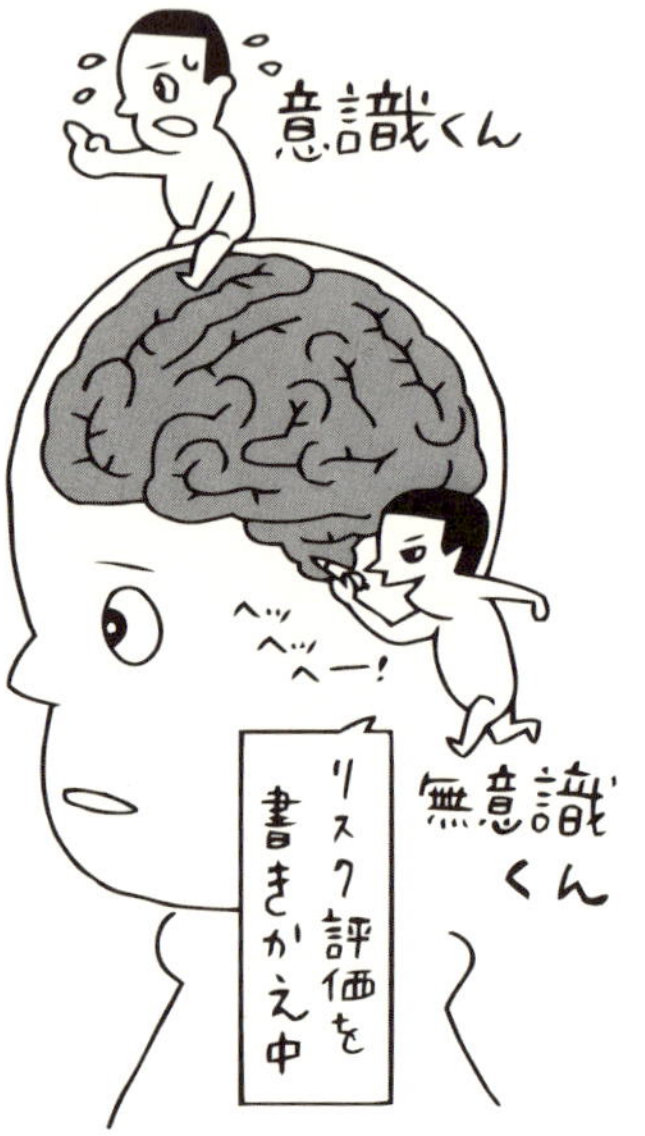

この仕組みにより、人間の脳内では、好き嫌い、善悪、メリットデメリット、リスクは、常に一貫したストーリーになっていて、矛盾もトレードオフもない状態が保たれている。

自分が個人的に嫌いなものは、常に邪悪だし、間違っているし、ろくなメリットがなく、リスクが高いのだ。

自分が個人的に好きなものは、常に善良だし、正しいし、メリットは大きく、リスクが低いのだ。

人間の脳内の世界というのは、そういうものなのだ。

だから、常に意思決定は簡単で、高速に行なえるのだ。

このような人間の判断方法を「感情ヒューリスティック」と呼ぶ。

ここで注意が必要なのは、**人間を啓蒙することで、感情ヒューリスティックをなくそうと努力することは不毛だ**ということだ。

政府や組織が取り組むならともかく、個人がどうこうできるようなものではない。

なぜなら、感情ヒューリスティックは、人間の脳の基本構造に起因するからだ。

「そういう感情的な判断の仕方は間違っているからやめるべきだ」といくら主張したところで、ほとんどの人間は、そういう判断の仕方をやめることはないのである。

そもそも、やめることは不可能に近い。

なぜなら、ほとんどの人は、自分が感情ヒューリスティックで判断していることを、**自覚できない**からだ。

自分では、極めて公平で客観的に物事を評価していると信じているのだが、実際の行動は、無意識のうちに感情ヒューリスティックに基づいた判断になってしまっているのだ。

自分が会社を経営している人であれば、「うちの会社内でだけは、感情ヒューリスティックに基づく判断はやめよう」という社内ルールを作ることはできる。

しかし、単なる組織の一員でしかないサラリーマンが、感情ヒューリスティックで判断する上司に向かって、「感情ヒューリスティックで判断するのはやめてください」などと言うのは、無駄な努力だ。

それどころか、上司は侮辱されたと思って、**あなたのことが嫌いになり、上司の感情ヒューリスティックによって、あなたの人事評価が下がる**ことになりかねない。

我々にできるのは、「人間は感情ヒューリスティックで判断する生き物だ」という現実に基づいた、現実的な戦略を立てることだ。

むしろ、**感情ヒューリスティックをうまく活用して、積極的に錯覚資産**

を作っていくほうが、はるかに現実的なのだ。

実際、錯覚資産を作り込むとき、「感情ヒューリスティック」の存在は、極めて重要だ。なぜなら、どんなに優れた作品を作っても、どんなにいいサービスを提供しても、どんなにいい成果を出しても、嫌われてしまうと、それは「つまらない作品」「ろくでもないサービス」「たいしたことない成果」だと知覚されてしまうからだ。

逆に、いまいちな作品・サービス・成果でも、好かれていれば、「素晴らしい作品・サービス・成果」だと知覚されるのだ。

よく、たいして面白くない作品がやたらと高評価なことがあるが、それは、その作者の錯覚資産によるものではないか、よく見たほうがいい。

その作者の好感度が高ければ、たいしたことない作品でも、ファンにとっては、感情ヒューリスティックによって、「とても面白い作品」だと知覚されるのだから。

感情ヒューリスティックは、「人に好かれる」ということを、比ゆ的な意味ではなく、現実に換金可能な資産にしてくれる。

なぜなら、その錯覚資産によって、あなたの作品・サービス・成果には、より高い値段が付くし、より多くの人に売ることができるようになるからだ。

ふろむだ
@fromdusktildawn

自分は公平だと思ってるえこひいき上司の脳内

たとえば、転職希望者の採用面接をした後、「この人は、採用したほうがいいか?」と上司に聞かれたとする。

こういう答えるのが難しい質問に、直感は、ヒューリスティックを使って、即座に答えを出す。

認知心理学における「ヒューリスティック」とは、「答えるのが難しい質問に、簡単かつ高速に答えを出す方法」のことだ。

ただし、必ずしも正しい答えが出るとは限らない。

たとえば、「この人を採用すべきか?」という質問を、無意識のうちに、「この人は好きか?」という質問に置き換えて、それに答えを出すのだ。

「採用すべきか?」は難しい質問だが、「好きか?」は簡単な質問だからだ。

このとき、本人の意識は、「採用すべきか?」という質問に答えているつもりだが、実際は、「その人を好きか?」という質問に答えているだけだ。


これが「置き換え」だ。

感情ヒューリスティックは、「置き換え」の一種だ。

ダニエル・カーネマンは、本来の質問である「採用すべきか?」をターゲット質問、それを置き換えた「好きか?」をヒューリスティック質問と呼んでいる。


とくにサラリーマンにとって、この「置き換え」は、どんなに強調しても、強調しすぎることがないくらい、重要だ。

なぜなら、**誰の年収をいくらにすべきか? 誰を昇進させるべきか? 誰にどんな仕事をさせるべきか? などの、サラリーマン人生を大きく変えかねない重大な質問**は、たいてい、「答えるのが難しい」からだ。

答えるのが難しい質問には、上司は、結局、直感を頼りに答えを出す。

そして、上司の「無意識」は、上司の「意識」が知らないところで、難しい質問を簡単な質問に「置き換え」て答えを出してしまうのだ。

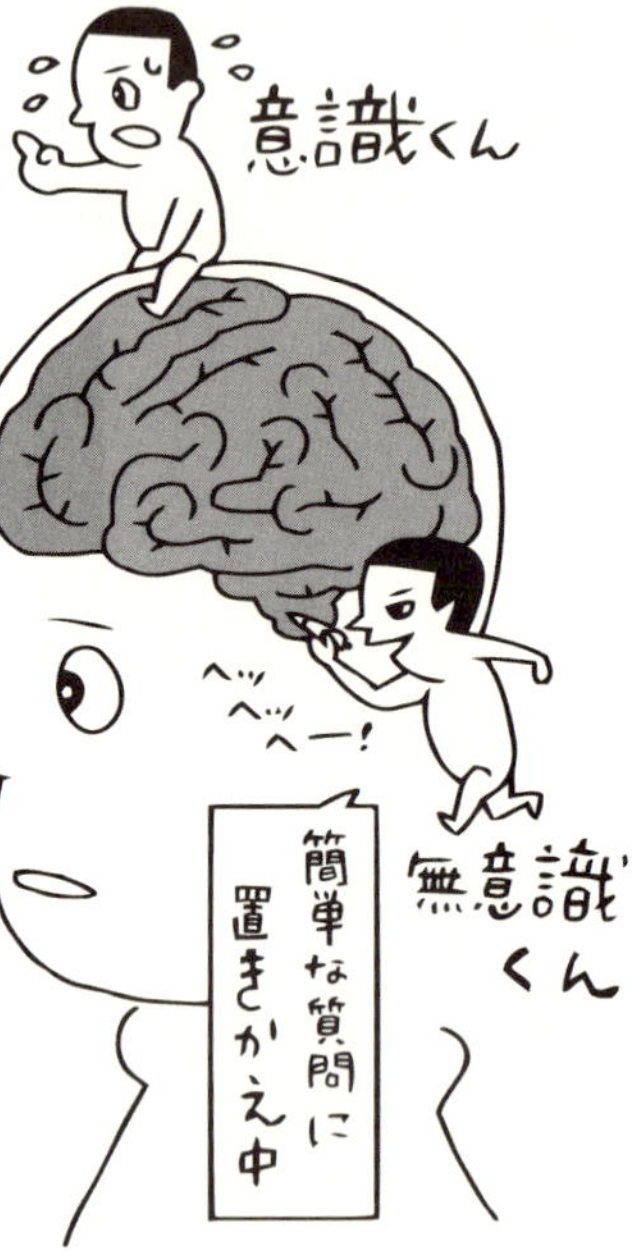

つまり、単に、好感を抱いている部下の年収を引き上げたり、昇進させたりするのだ。

しかも、上司本人にその自覚はなく、**自分は、極めて公平で客観的な人事評価を行なっていると信じて疑わない。**

「上司に好かれていなくても、『結果』さえ出せば、明るい将来を手に入れられる」というのは、甘い考えだ。

上司はそう言うだろうし、そう信じて疑わないが、それは錯覚なのだ。

実際には、その「結果」をどう解釈するかは「難しい質問」になる。

そして、難しい質問に直面した上司は、無意識のうちにターゲット質問をヒューリスティック質問に「置き換え」て答えを出してしまうのだ。

だから、サラリーマンをやっている限り、上司に好感を持たれるように、十分な注意を払い続けなければならない。

もちろん、上司に好かれるように振舞うことが苦にならない人間なら、サラリーマンでも問題ない。

しかし、**「上司の顔色をうかがいながら仕事をすること」が嫌な人**は、腹をくってサラリーマンを辞めて、自分の商売を始めることも、真剣に考えたほうがいい。

欺瞞が錯覚を大繁殖させる

ここでは、錯覚と欺瞞の関係を整理しておく。
そんなに複雑な話ではないので、手短に済ませる。

錯覚は欺瞞とは異なる。
錯覚は単なる「間違い」だが、欺瞞は、それ以上のものだ。

「間違い」というのは、単に「真実と異なる」ということしか意味しない。
しかし、「欺瞞」は、**自分の利益のために**、真実と異なることを言い、しかも、それを**ごまかす**ことだ。

単に間違っていることを言う人は、信用ならないが、卑劣でも邪悪でもない。
欺瞞を言う人は、間違っているうえに、卑劣で邪悪である。

たとえば、ハロー効果によって、人を無意識のうちに学歴・肩書で判断してしまうのは、単なる錯覚だ。

しかし、そこには利害が絡んでいる。

自分が「人を学歴・肩書で判断する不公平な人間だ」と周囲に思われると**損**をするので、多くの人は、実際には学歴・肩書で判断しているのに、それをごまかし、隠蔽しようとする。

それは「欺瞞」だ。

同様に、ほとんどの人が、上司や顧客に対して「ハロー効果で、まともな意見のように聞こえるだけでしょ」などと言わないのは、それを言うと、出世に響いたり、売り上げが下がったりするからだ。

人は、自己保身や権力欲のために、無自覚に錯覚を隠蔽するのだ。

これも「欺瞞」だ。

つまり、利害関係と欺瞞が、錯覚を蔓延《はびこ》らせ、かつ、隠蔽するのだ。

かくして、社会では錯覚が蔓延しているのに、表面上は、それがろくに見えないという状態が出来上がる。

利害と感情と欺瞞は、錯覚を育て、守り、覆い隠し、日常の薄皮一枚下で、大繁殖させるのだ。

人々が、思考の錯覚によって、誤った判断をしているというエビデンスが山のようにあるのに、あいかわらず思考の錯覚が世に蔓延《はびこ》っているのは、これが大きな原因の1つなのだ。

ふろむだ

@fromdusktildawn

思考の錯覚のまとめ

錯覚資産の増やし方の説明に入る前に、ここでいったん、これまでに出てきた認知バイアス、思考の錯覚、錯覚資産について整理する。

これまでに出てきた認知バイアスは、次のとおり。

・**【ハロー効果】**…1つのプラスの属性値に引っ張られて、他の属性値も底上げされてしまう現象。マイナスのハロー効果もある点に注意。

・**【少数の法則】**…統計的には、ぜんぜん有意といえないようなごく少数のサンプル数のデータから、そのデータが示す法則性が真実だと思いこんでしまうこと。

・**【運を実力だと錯覚する】**…PV向上とCVR向上への時間の投資配分を誤らせるなど、極めて有害性の高い認知バイアスなので、とくに注意が必要。

・**【後知恵バイアス】**…物事が起きてから、自分はそれが起きることを予測していたと考える傾向。

・**【利用可能性ヒューリスティック】**…「利用可能性ヒューリスティック(availability heuristic)」とは、脳がすぐに利用できる情報だけを使って答えを出すことだ。もっとわかりやすく言うと、「思い浮かびやすい」情報だけを使って、答えを出す認知バイアスのことだ。「すぐに思い浮かばない」情報は、無視して判断を行なってしまう。判断に必要な情報が欠落していることに気がつかないという点が、非常に危険。

・**【デフォルト値バイアス】**…取りうる選択肢の中で、過剰にデフォルト値を選んでしまう傾向。デフォルト値を選ぶのが損な場合にまで、デフォルト値を選んでしまうので、これも、非常に有害。

・**【認知的不協和の理論】**…自分の中で矛盾や葛藤（認知的不協和）があるとき、無意識のうちに、その矛盾を解消しようとする。現実を変えることで認知的不協和を変えられる場合は、健全な結果になる。しかし、それが困難な場合、無意識は、認識や記憶の書きかえによって矛盾を解消する。この場合、不健康な状態に陥ることがあるので、注意が必要。

・**【感情ヒューリスティック】**…好きなものはメリットだらけでリスクがほとんどなく、嫌いなものにはメリットはほとんどなくリスクだらけだと思いこむ認知バイアス。

・**【置き換え】**…答えるのが難しい質問を突き付けられると、無意識のうちにそれを簡単な質問に置き換え、簡単な質問の答えを、元の難しい質問の答えだと思いこむ認知バイアス。

・**【一貫して偏ったストーリーを真実だと思いこむ】**…すべての情報を与えられるより、一貫して偏った情報だけを与えられたほうが、魅力的で説得力があり正しいと感じる認知バイアス。

こうして並べてみるとよくわかるが、これらの認知バイアスは、次の3つの脳の過剰性が引き起こしていると考えると、理解しやすい。

・**【一貫性】**…過剰に一貫性を求める。
・**【原因】**…過剰に原因を求める。
・**【結論】**…過剰に結論を急ぐ。

第一に、脳は、**過剰に一貫性**を求める。
一貫していない状態が、不快である。

一貫しているものが、大好きである。

一貫しているものを、真実だと思いこむ。たとえ間違っていたとしても、真実だと思いこむ。

一貫していないものの中にまで、むりやり一貫性を見出す。「中村くんは、なにをやっても優秀」「山本君は、なにをやってもダメ」というのが、それだ。

一貫していない状態にあると、むりやりにでも、一貫させようとする。

記憶を書きかえてまで、一貫させようとする。

「いい技術は、メリットだらけで、リスクなんてほとんどない」というのも、一貫性の一種だ。

これが、ハロー効果、少数の法則、感情ヒューリスティック、運を実力だと錯覚する、一貫して偏ったストーリーを真実だと思いこむ、などの認知バイアスを引き起こす。

第二に、脳は、**過剰に原因**を求める。

単に偶然の結果に過ぎないことにまで、むりやり原因を見つけてくる。

犯人がいない場合でも、犯人がいないという現実に耐えられず、犯人をでっちあげる。

偶然にシュートが連続して入ると、ホットハンドになっていることが原因だと考える。偶然成功したのに、「成功したのは、実力があることが原因だ」と考える。

原因を見出すのに必要なデータがそろっていないときでも、むりやり原因を見出す。

プロジェクトを1つ2つ成功させたぐらいでは、たいしたことはわからないのに、「中村君がこのプロジェクトを成功させたのは、優秀だからだ」と原因を見出す。案件を1つ2つ受注できなかったぐらいでは、たいしたことはわからないのに、「松本君があの案件の受注に失敗したのは、松本君が無能だからだ」と原因を見出す。

これが、ハロー効果、少数の法則、運を実力だと錯覚する、などの認知バイアスを引き起こす。

第三に、脳は、**過剰に結論を急ぐ。**

結論を出すのに必要なデータがまだそろっていなくても、むりやり結論を出す。

そのときにすぐに思い浮かぶ情報だけで、むりやり結論を出す。

結論を出すのに時間がかかりそうな問いは、すぐに結論を出せる問いに置き換えて、むりやり結論を出す。

判断が難しいときは、デフォルト値を結論にしてしまう。

対象をよく知らなくても、むりやりこういうものだという結論を出す。

これが、ハロー効果、少数の法則、利用可能性ヒューリスティック、感情ヒューリスティック、置き換え、デフォルト値バイアス、などの認知バイアスを引き起こす。

要は、「一貫性、原因、結論」の3つを過剰に求める傾向に注意していれば、自分の思考の錯覚に気づいて修正しやすくなるし、他人の思考の錯覚を利用して、自分に有利に物事を進めることができる、というわけだ。

次に、認知バイアスに共通する性質について考える。

思考の錯覚の最大の特徴は、その**不可視性**だ。

基本的に、意識の知らないところで、無意識が勝手に**記憶を書きかえる**ことで、認知バイアスが発生する。

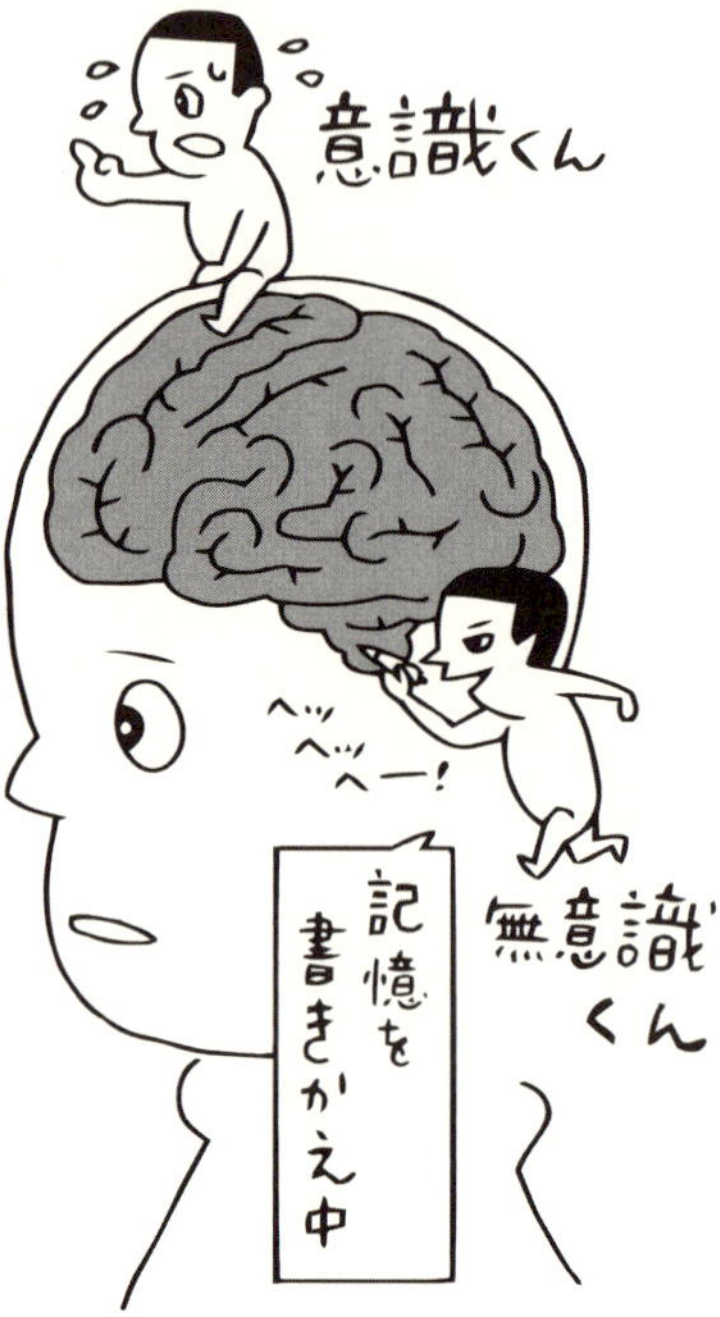

このことに、意識は気がつかない。
世界が5分前に作られたことに、誰も気がつくことができないように。

だから、人間は、思考の錯覚を自覚できない。
これが、意識の死角で蠢《うごめ》く錯覚の悪魔を生み出す。

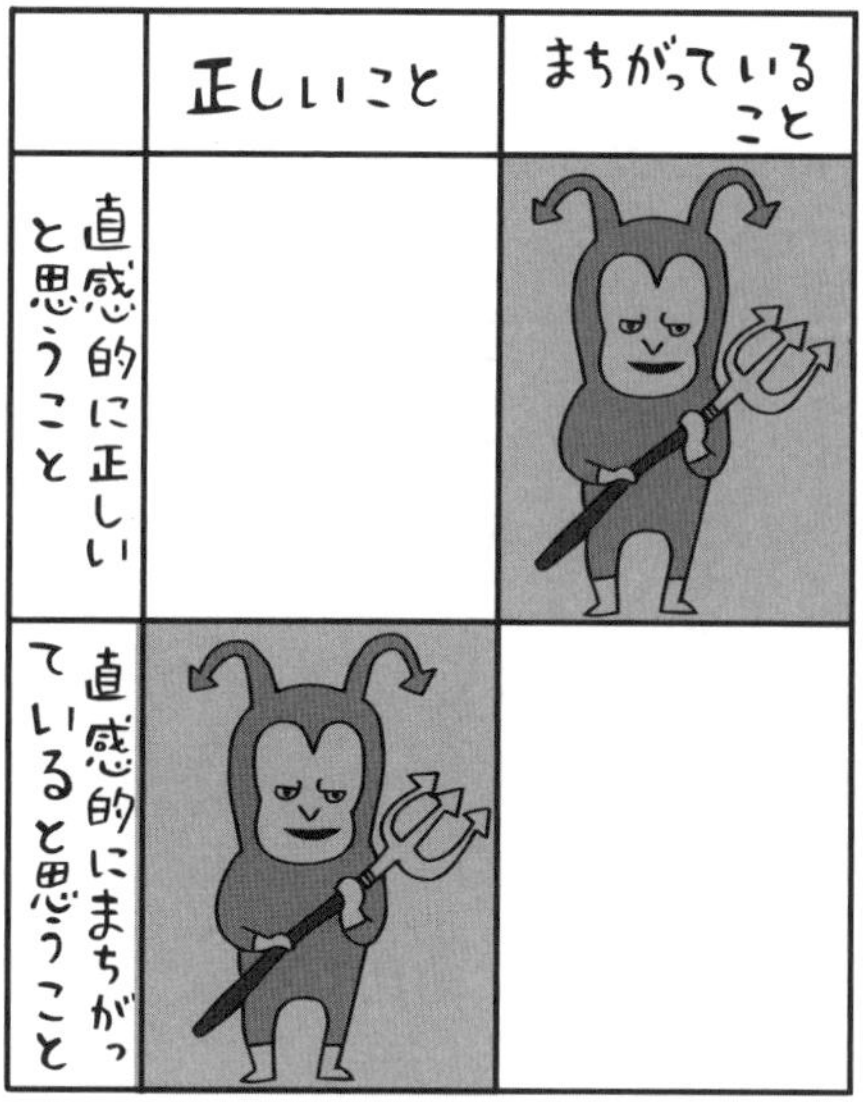

この悪魔は、あなたの人生を支配しているが、あなたはそのことに気がつかない。

逆に、思考の錯覚を武器として使いこなせば、それはステルス兵器のような、強力な武器になる。

認知バイアスの不可視性は、**諸刃の剣**なのだ。**思考の錯覚を敵に回すか、味方につけられるかで、人生は劇的に違ってくる。**

思考の錯覚を味方につけるには、**錯覚資産**という概念がキーになる。

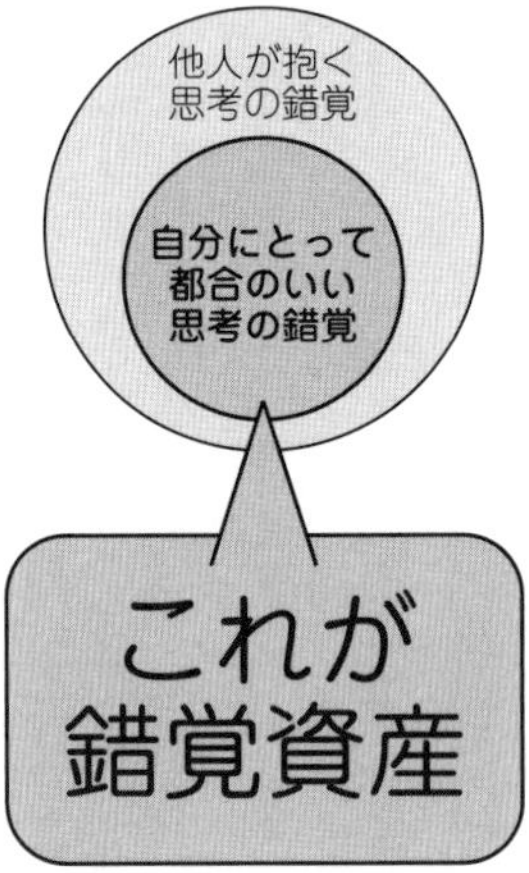

錯覚資産とは、「他人が自分に対して抱く、自分に都合のいい錯覚」のことだ。

なぜ、錯覚資産が重要なのかというと、それが、成功と失敗を分ける、極めて大きな要因だからだ。

学生時代は、成功するかどうかは、運と実力だけで決まる。

しかし、社会人になると、成功・失敗を決める要因は、ほとんどの場合、こんな感じになる。

また、錯覚資産が重要なのは、3種類の成長ループすべての要だからだ。

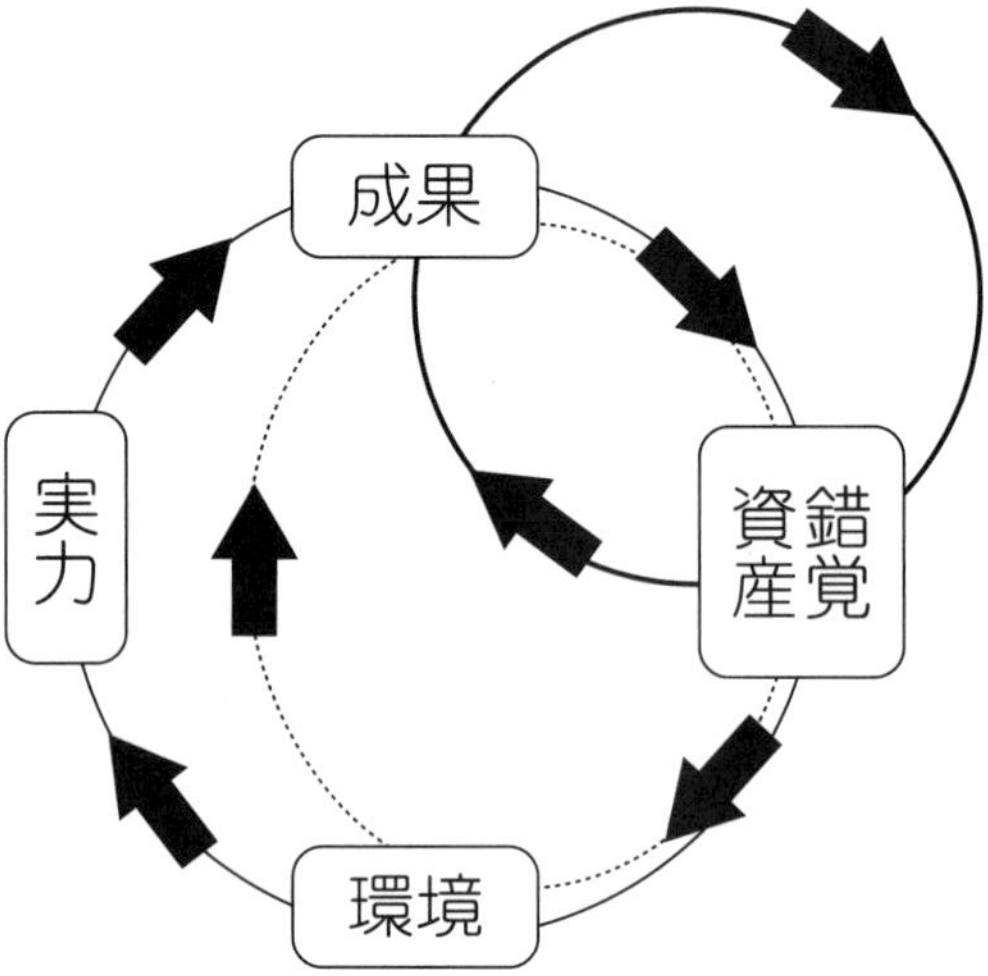

残された問題は、次の2つ。

- 錯覚資産は、具体的に、どのような構造をしているのか？
- 錯覚資産は、具体的に、どう増やせばいいのか？

次は、それについて説明する。

錯覚資産を雪だるま式に増やしていく方法

錯覚資産には、次の3つの次元がある。

1. **錯覚の種類**
2. **錯覚の強さ**
3. **錯覚の範囲**

「錯覚の種類」には、たとえばハロー効果、利用可能性ヒューリスティック、感情ヒューリスティックなどがある。

ハロー効果と利用可能性ヒューリスティックが掛け算されると、極めて強力な錯覚資産になる。

なぜなら、ただでさえ人間の直感は、「思い浮かびやすい情報」を超絶過大評価するのに、その思い浮かびやすい情報が、ハロー効果を引き起こすものだったら、相乗効果で、とんでもない威力になるからだ。

だから、「ハロー効果×思い浮かびやすさ」で、錯覚資産の大きさが決まる。

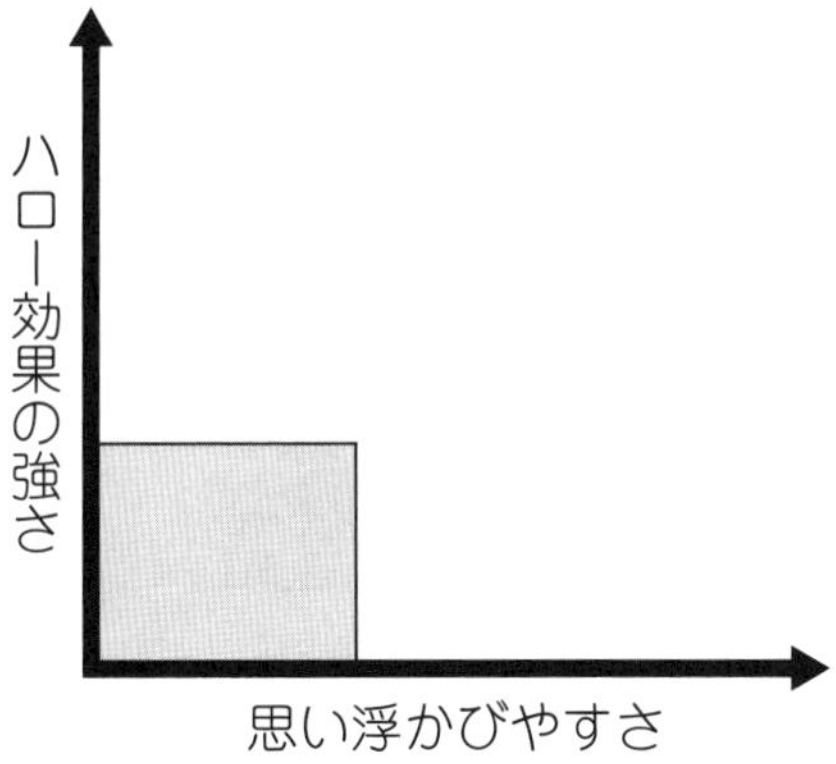

抽象的すぎる。具体例で説明して。

たとえば、ある映画の魅力的なシーンが、ハロー効果を生んだとする。

そのシーンがどれだけ魅力的かによって、「ハロー効果の強さ」の軸の値が決まる。

そして、そのシーンを切り出して、プロモーション動画を作り、それをCMで流したとする。

すると、そのCMを1回見た人よりも、10回見た人のほうが、それが「思い浮かびやすく」なる。

これで、「思い浮かびやすさ」の軸の値が決まる。

なるほど。

これにさらに、「それを思い浮かべる人の数」という軸が加わってくる。

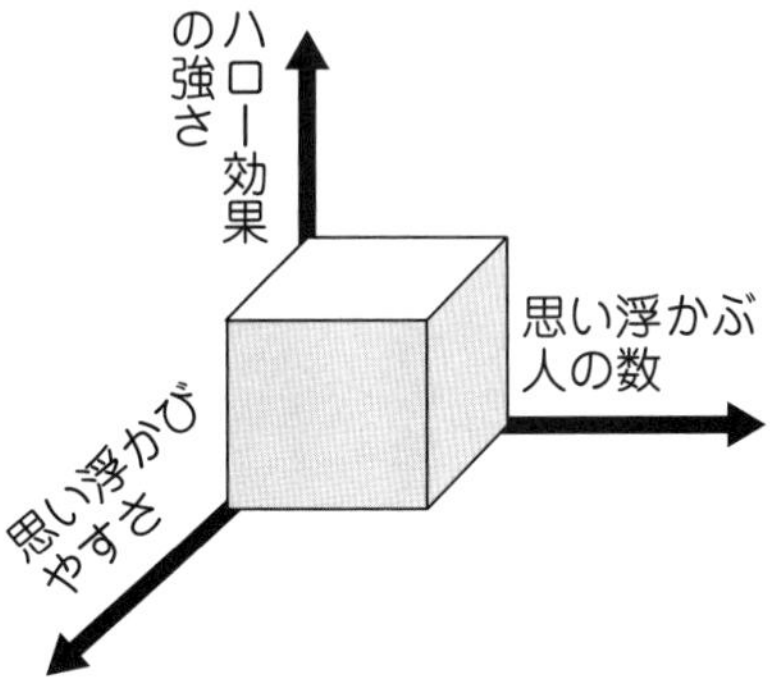

つまり、そのＣＭを10回見た人の数が、10人のときよりも、１０００人のときのほうが、錯覚資産は１００倍大きい。

ただし、いちいち3次元図形で表現するのは手間なので、これ以降は、便宜上、「ハロー効果の強さ×思い浮かびやすさ」を１つの軸にまとめて扱うものとする。

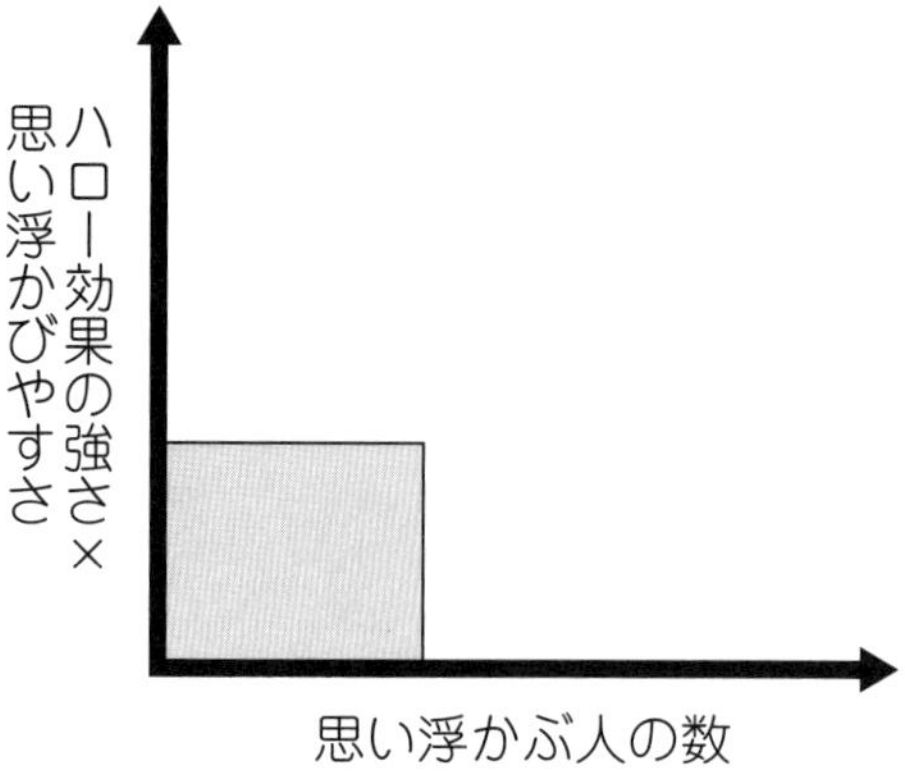

たとえば、あなたが営業マンで、「半期で3億円売り上げた」というすごい業績を上げたとする。

あなたのこの業績を知っている人には、これは強烈なハロー効果を作り出す。

しかしながら、それを知っている人がごく少数しかいなかったとしたら、あなたの錯覚資産は、あまり大きくない。

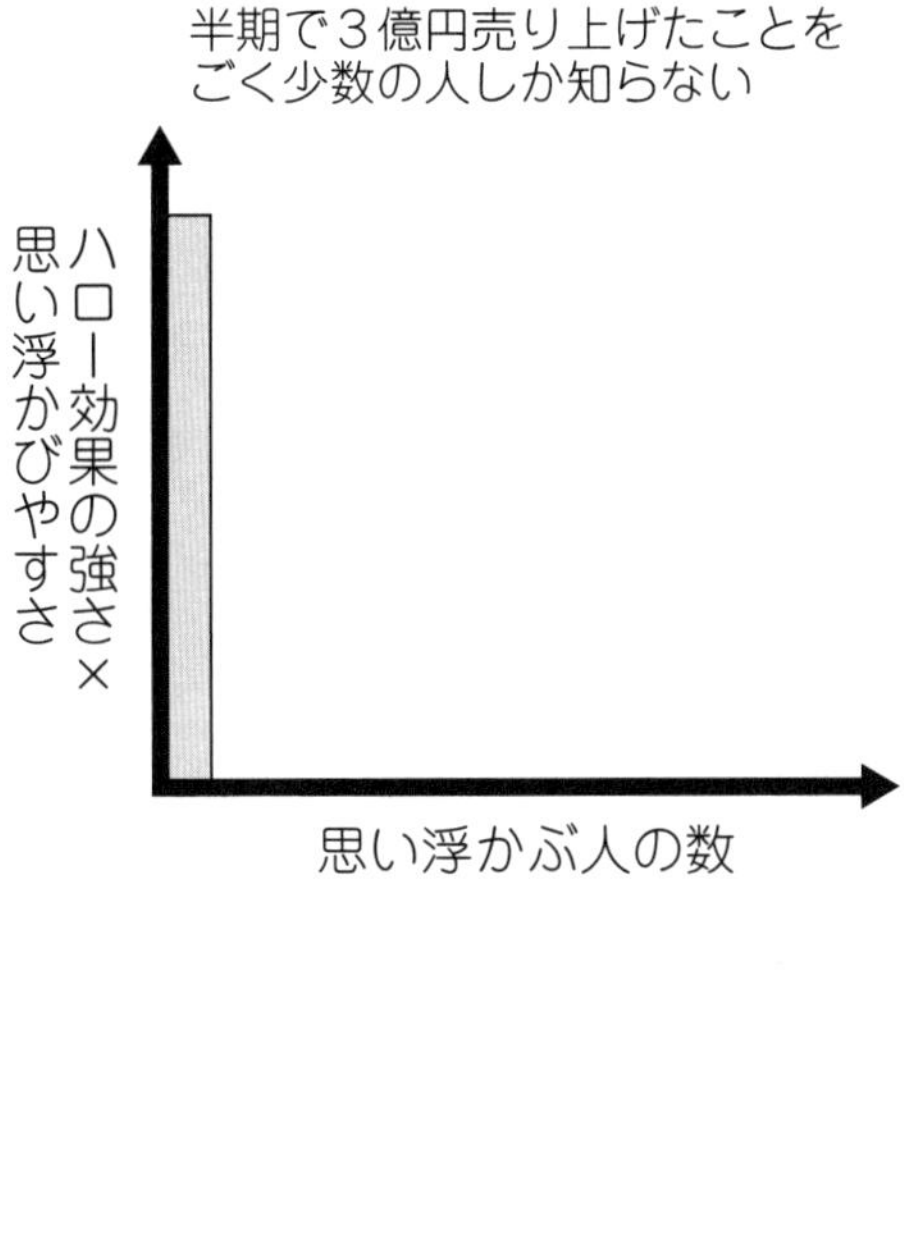

一方で、「半期で5千万円売り上げた」という実績を持っている人がいるとする。

これだと、ハロー効果もそんなに強くはならないが、その人の業績を知っている人の数が多いと、錯覚資産としては、けっこう大きくなる。

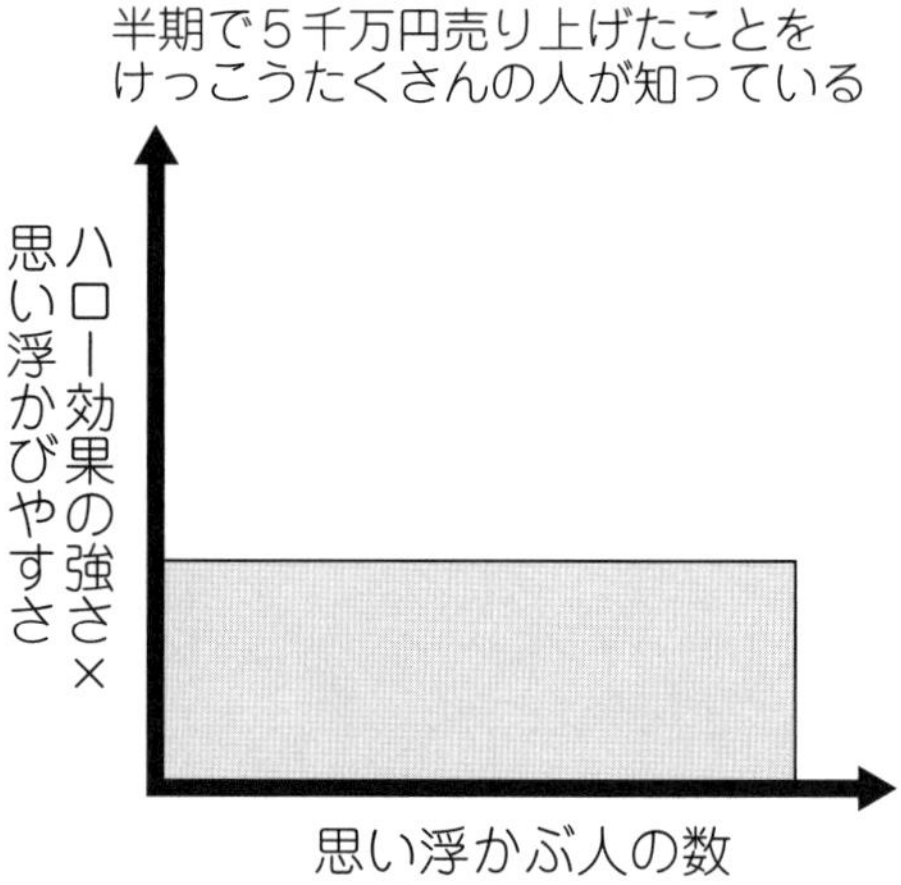

ハロー効果をもたらす実績を作るだけじゃダメなのだ。

それを、多くの人が「思い浮かびやすく」なるようにして初めて、それが錯覚資産となるのだ。

もちろん、単に人数を増やすだけではダメだ。量だけではなく、質が重要となる。

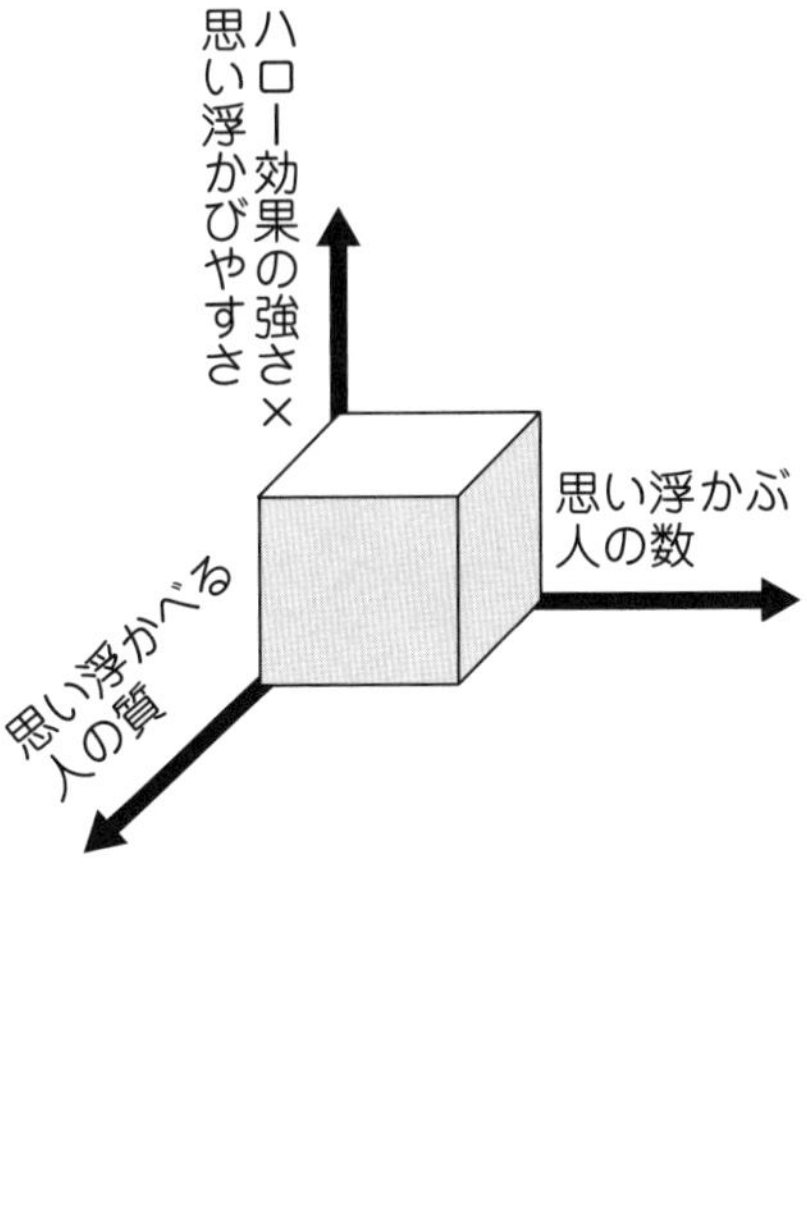

経営層に近い、人事権を持っているような人、もっと平たく言うと、権力者に、どれだけ知ってもらうかが、重要だ。

もしくは、そういう権力者に影響力のある人にどれだけ知ってもらえるか。

なので、本当は、これは、「ハロー効果の強さ×思い浮かびやすさ×思い浮かべる人の数×思い浮かべる人の質」という4次元図形の体積で表現できるものだ。

この図形の体積が、錯覚資産の大きさだ。

それぞれの軸の値を増やしていくことで、体積はどんどん大きくなっていく。

もちろん、これは、サラリーマンやフリーランスに限った話ではない。

むしろ、自分のプロダクト・お店・作品で商売する人のほうが、錯覚資産の作り込みが重要になる。

たとえば、漫画家の人が、ツイートにショート漫画を添付して投稿したとする。

その漫画が、すごく刺さる漫画だったとすると、それはハロー効果を作り出す。

そのツイートが何万リツイートもされて拡散すると、その漫画、その画風、その作者のことが思い浮かびやすくなる。

この漫画が、一部の人にだけ、すごく強烈に刺さる漫画だったとすると、錯覚資産の形状は、こんな風になる。

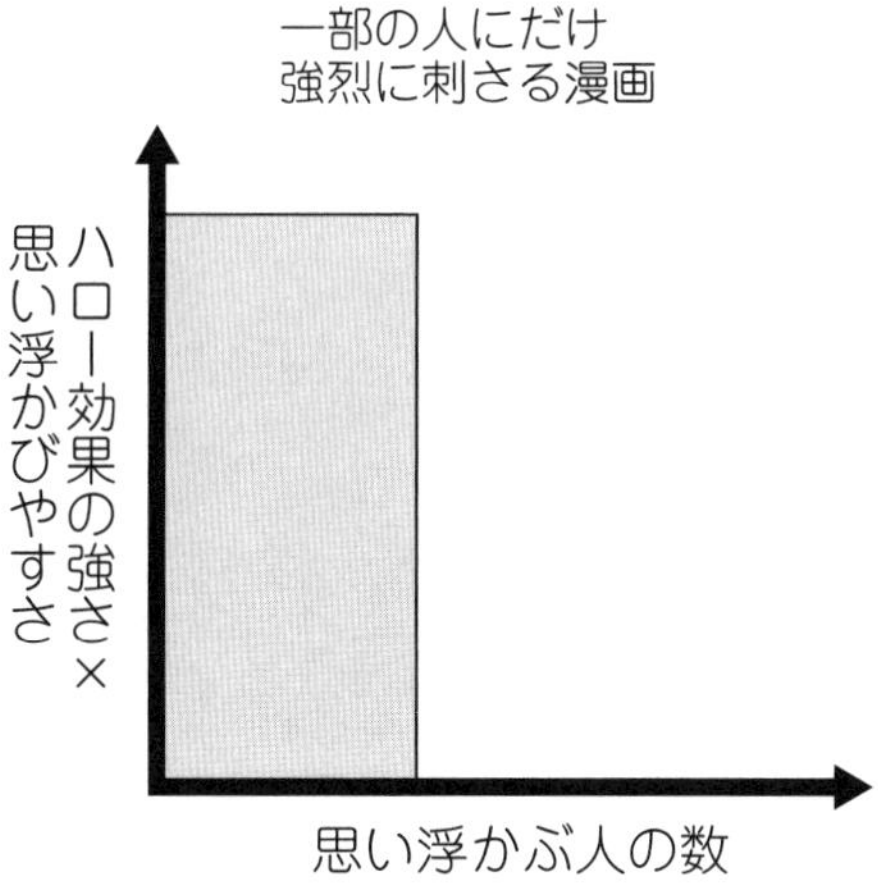

また、そこまで強烈な漫画ではないけど、広く共感を呼ぶ漫画は、こんな感じになる。

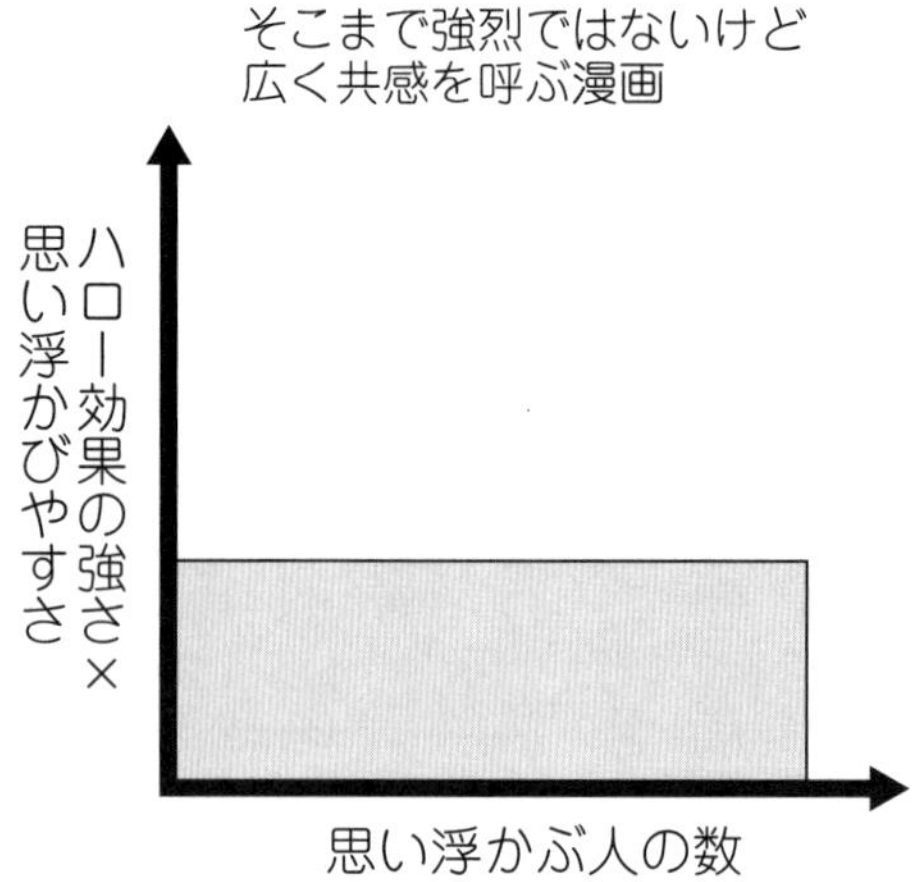

これは、感情ヒューリスティックについても同様だ。

この、思考の錯覚の種類という軸まで加えると、5次元図形になる。

もちろん、そのままだと煩雑なので、錯覚の種類ごとに分けて描くなどして、2次元図形として扱ったほうが、取り回しがしやすい。

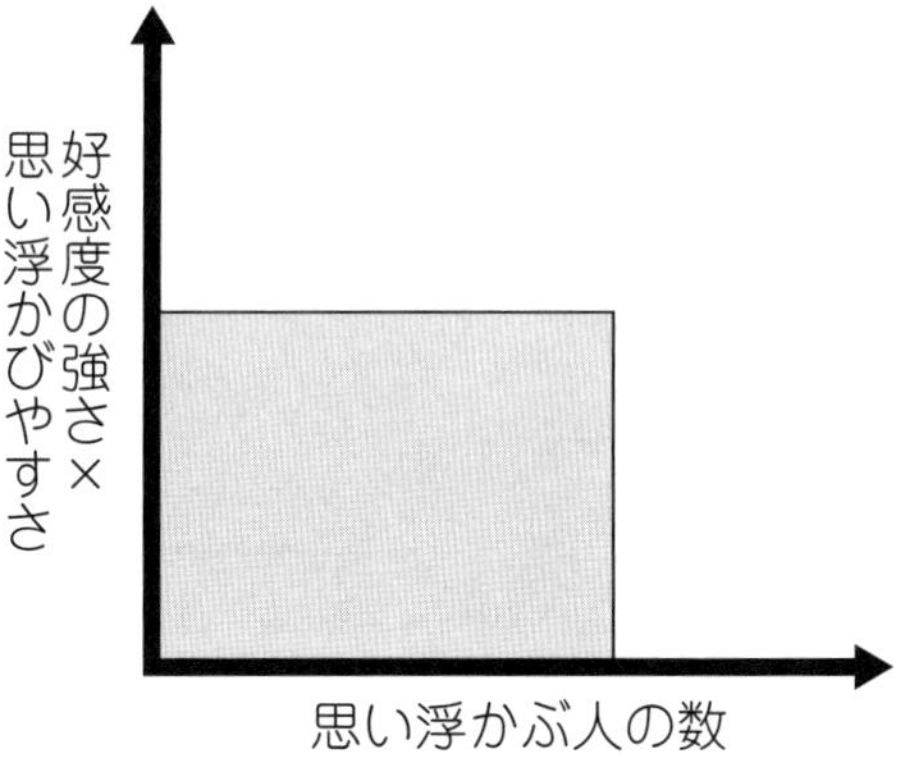

＊＊＊

ツイッターなどのＳＮＳの場合、縦方向を伸ばすと、自動的に横方向も伸びるという効果がある。

つまり、ハロー効果や好感度が高くなって縦方向に四角が伸びると、フォロワーが増えて、横方向にも四角が伸びていく。

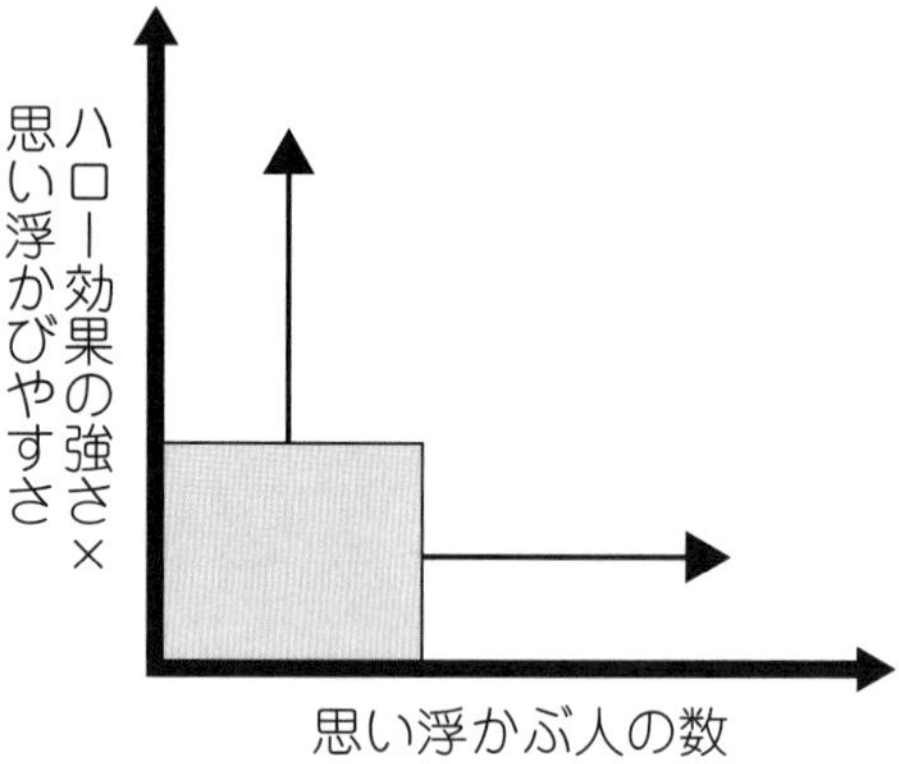

フォロワー数が大きくなると、その数字自体が、さらなるハロー効果を生み、さらに縦方向と横方向に四角が伸びていく。

いまいち、抽象的でわかりにくいな。具体例で説明してくれない？

なるほど。

それでは、私の話をする。

最近、ふろむだ名義で本を書こうと思い立った。つまり、この本のことだ。

しかし、あまりに本が売れないと、担当編集者の方に申し訳ない。彼は仕事でやっているのだ。

編集者の方からも、「ふろむだ（@fromdusktildawn）のアカウントで、本の宣伝はしてもらえるんでしょうね？」と念を押され、「はい」と返事をしてしまっている。彼の期待を裏切るわけにはいかない。

そこで、最低限の部数は売れるようにするために、ふろむだのツイッターアカウントを使うことにした。

このツイッターアカウントは、けっこう長い間鍵をかけていた時期があったうえに、なんのテコ入れもされておらず、フォロワー数が1万人ちょっとのまま、放置されていた。まさか本を書くことになるとは思っていなかったので、フォロワーを増やす努力を、なにもしてこなかったのだ。

そこで、ここ数ヶ月で、いろいろテコ入れをして、1・8万人ぐらいにまで増やした。

そのときにやった、錯覚資産増やしのハックの1つを解説する。

まず、「短期間に、フォロワー数が大きく増えた」という事実は、ハロー効果を生む。具体的な数字に表れるからだ。

この事実だけを取り出して、図にすると、こうなる。

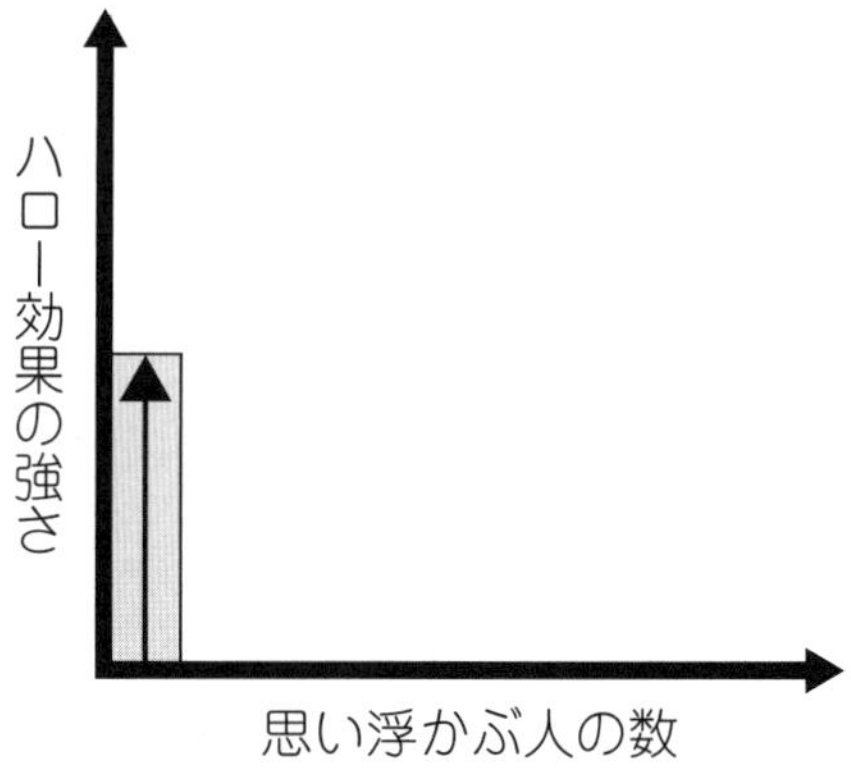

「短期間に、フォロワー数が大きく増えた」という事実は、大きなハロー効果を生むから、四角形の高さは高くなる。

しかし、この事実を知っている人が少ないと、横幅は小さい。

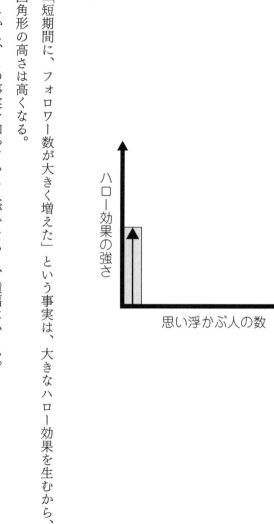

横幅を増やすには、「思い浮かびやすい人」の数を増やしてやる必要がある。

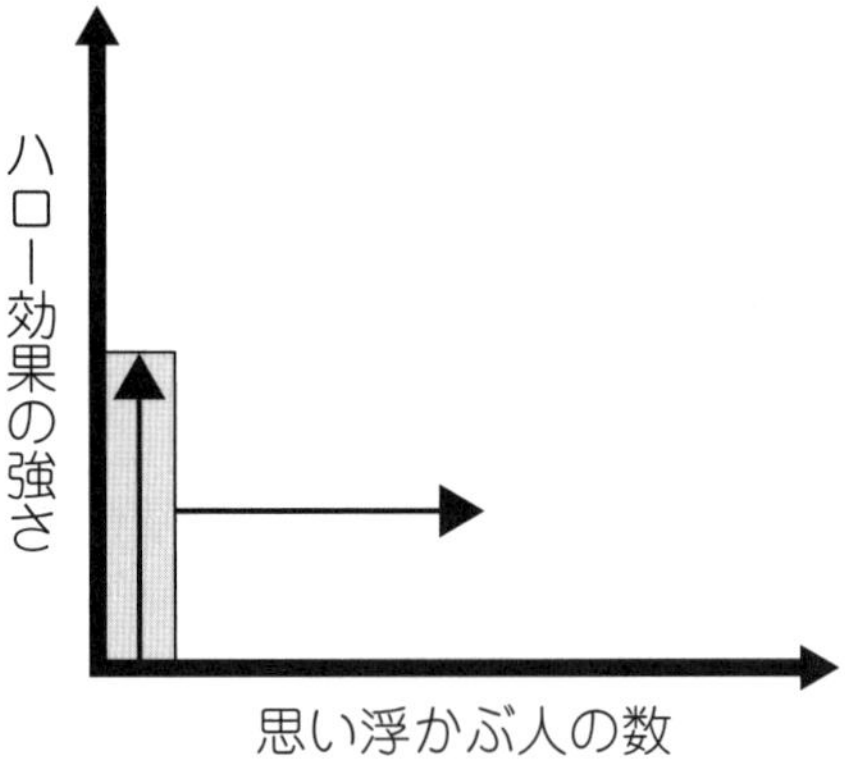

そこで、私は、次のような記事を書いた。

「ここ数ヶ月でフォロワー数40%増、670万インプ10万いいねのツイートを出したコツを書く」

http://fromdusktildawn.hatenablog.com/entry/2018/02/16/114043

具体的な数字だらけのタイトルである。あからさまなハロー効果狙いだ。

結果、この記事は、はてなの人気ランキングに入り、けっこうな数の人に読まれた。それによって、そのハロー効果バリバリの実績が、多くの人に「思い浮かびやすく」なった。

もちろん、この記事を見てフォローしてくれた人もたくさんいらっしゃったのだが、興味深いのは、そういう直接的影響ではなく、間接的な影響のほうだ。

この記事以降、フォロワー数の多い方々からポジティブに言及されることが増え、それによって、フォロワー数が大きく増えたのだ。

それらの間接的な影響も含めると、この記事1本だけでフォロワー数は10％以上は増えた。

興味深い影響は、他にもある。

この記事以降、フォロワー数がそれなりに多い人をフォローしたときに、フォローバックしてもらえる確率が上がったのだ。

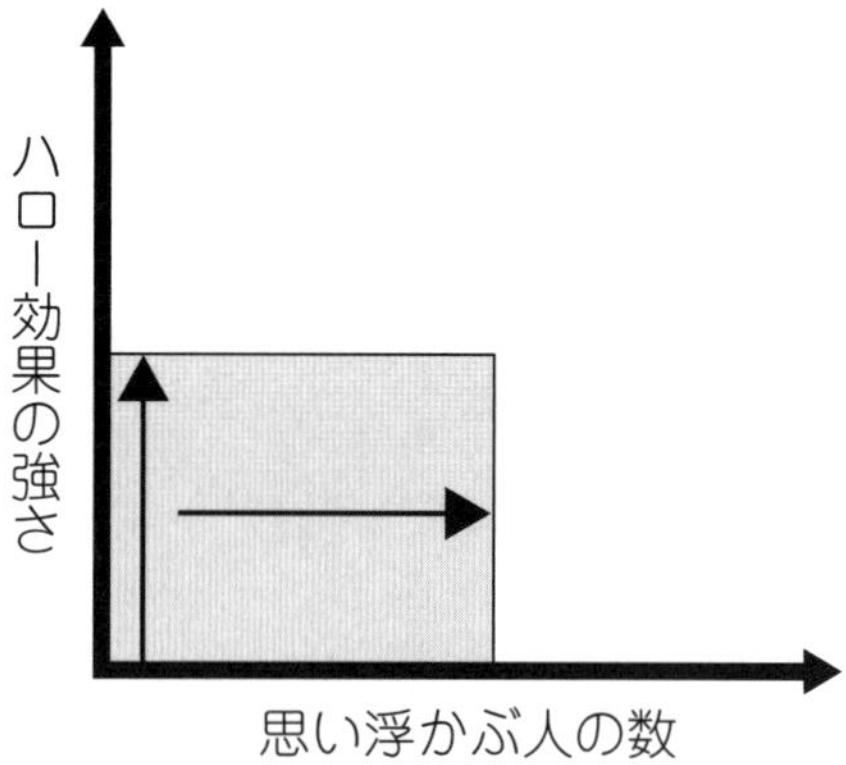

ここで、忘れてはならない重要な点は、「単にハロー効果があるからというだけで、記事をたくさんの人に読んでもらえるわけじゃない」ということだ。

この記事は、読者に具体的な利益をもたらしているからこそ、多くの人に読まれたのだ。

「ツイッターのフォロワー数を増やしたい」と思っている人に、具体的なフォロワーの増やし方を書いた記事は、それなりに価値があるものなのだ。

また、ありありと実感した、もう1つの重要なことは、**フォロワー数というのは、複利で増えていく**ということだ。

同じツイートでも、フォロワー数が1・5倍だと、リツイート数も1・5倍になる。

そのリツイートを見て新たに増えるフォロワーの数も1・5倍になる。

つまり、フォロワー数は、指数関数的に増えていくのだ。

山本一成さん（@issei_y）も、その著書の中で書いているが、指数関数的な増え方というのを、人間の直感は、理解できない。

次のクイズに答えてみてほしい。

1分間に2つに分裂する細菌が、24時間で、瓶いっぱいになるとする。その細菌が瓶の半分にまで増えるのは、いつか？

これは、私が小学生のころに流行《はや》ったクイズだ。

反射的に「12時間後」と答えた友達に、「ブブー」とやるのが楽しくて、大流行したのだ。

もちろん、正解は、23時間59分後だ。

1分間で2倍に増えるのだから、半分にまで増えるのは、満杯になる時刻の1分前に決まっている。

ツイッターの話に戻れば、

フォロワー数に16倍の差があると、実力が16倍違うかのように見える。

しかし、実際には、それは錯覚だ。

たとえば、現在のフォロワー数は同じだが、1ヶ月にフォロワー数が1・05倍になる人と、1・1倍になる人がいたとする。

5年後、1・05倍の人はフォロワー数が18・7倍になっているのに対し、1・1倍の人は、フォロワー数が304・5倍になっている。

フォロワー数の増加率は2倍の差しかないのに、5年経つと、フォロワー数には16倍の差がついているのだ。

錯覚資産も、複利で増えていく。

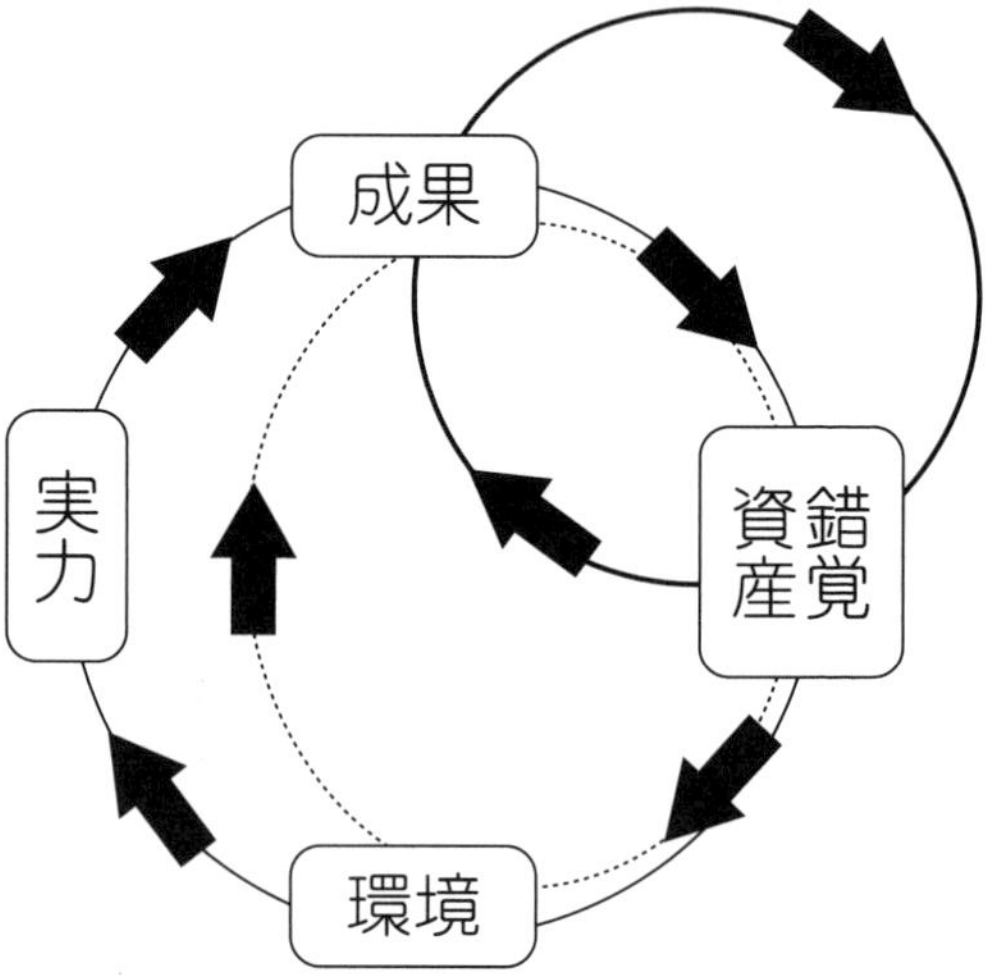

このループが一回転するたびに、錯覚資産は複利で増えるのだ。ハロー効果が強くなれば強くなるほど、より多くの人の印象に残りやすく、「思い浮かびやすく」なる。多くの人に「思い浮かべられやすい」人は、それだけ、よい環境をゲットできる。それによって、さらにハロー効果が大きくなる。

また、より多くの人に「思い浮かべられやすい」という事実自体が、ハロー効果を生み出す。

もちろん、環境がよければ、よりよい経験をして、実力も身につきやすくなる。実力が伸びると、それだけ数字を作りやすくなり、さらに錯覚資産が増える。実力の増大と錯覚資産の増大が、互いに相乗効果を及ぼしながら、複利で増えていくのだ。

このように、錯覚資産自体が、次の錯覚資産や実力を作り出すための元手になっているので、これはむしろ、**錯覚資本**と言ったほうが適切かもしれない。

SNS時代は、それが可視化されているので、わかりやすい。フォロワー数も、ブログのPV数も、それ自体が強烈なハロー効果を生み、強力な錯覚資産を作り出す。

そして、フォロワー数が多ければ、それだけ、あなたのことを「思い浮かびやすく」なる人間の数が増える。

すなわち、錯覚資産の四角が、横方向にも伸びていくのだ。

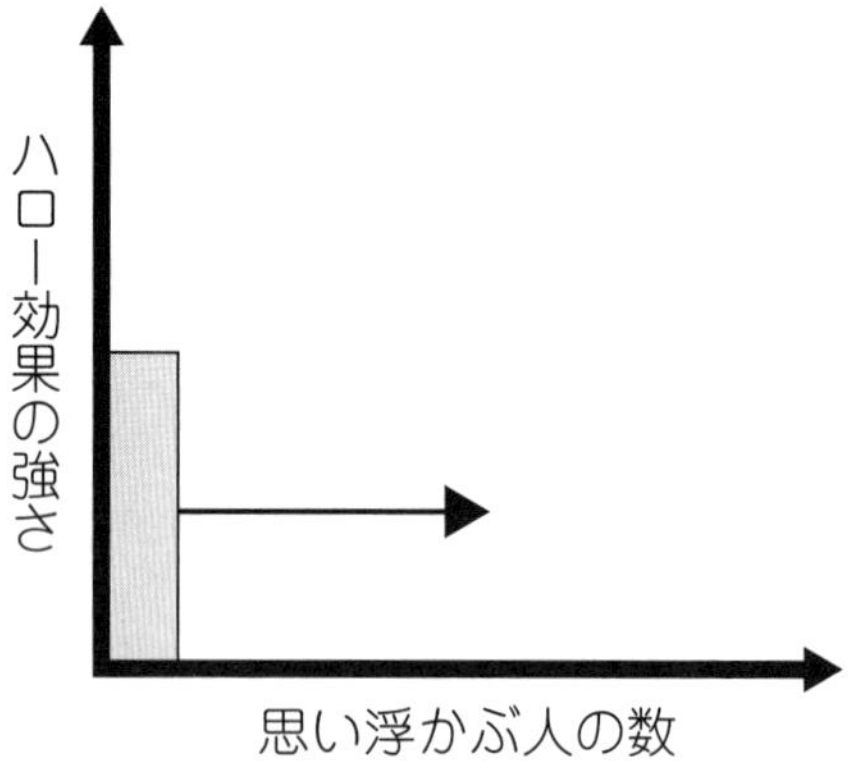

また、強力なフォロワーが増えると、有益な情報もチャンスも集まりやすくなり、実力も伸びやすくなる。やはり、実力の増大と錯覚資産の増大が相乗効果を引き起こしながら、複利で増大していくのだ。

まとめると、錯覚資産は、次のような性質を持つ。

・多次元図形の体積として表現できる。
・指数関数的に増大する。
・実力と錯覚資産は、相乗効果で増大していく。

これがなにを意味するかというと、錯覚資産は、べき分布するということだ。

要は、**ごく一部の人間に、大部分の錯覚資産が集中する**ということだ。

つまり、**非常に大きな格差**が生まれるということだ。

また、錯覚資産を意識的に増やす人間と、そうでない人間では、錯覚資産の増加率が異なるため、**短期的には小さな差でも、長期的には、とんでもなく大きな差になる**ということだ。

錯覚資産を増やす努力をする者としない者の差は、今はまだわずかかもしれないが、10年、20年もすると、目も眩むほどの、すさまじい落差になる。

彼らの間には、**もはやなにをやっても覆せないほどの、絶望的な高さの断崖絶壁**が立ちはだかる。

10年後、20年後、その断崖絶壁の上に立って下を見下ろしているか、下に立って上を見上げているかは、これからの、あなたの行動次第なのだ。

ふろむだ
@fromdusktildawn

おわりに

年功序列は崩れた。これからは、「実力」次第で、いくらでも上に行ける時代だ。

インターネットでは、「実力」さえあれば、いくらでも成功のチャンスがあるのよ。

SNSで消費者の評価がダイレクトに広まる時代は、本当に「実力」のある人だけが、成功できるんだ。

本格的な「実力」主義の時代が始まるのよ。

そんな話を聞いて、**わくわく**したこと、ないだろうか？
奮い立ったこと、ないだろうか？

私は、ある。
実力主義っていうのは、健全で、フェアで、すがすがしく、気持ちよく、
本当に**夢**がある。

しかし、夢に浮かれて現実を見ないと、
足をすくわれて転ぶ。

現実世界は、「実力が正しく評価される健全でフェアで気持ちのいい世界」なんかじゃない。
思考の錯覚の泥沼の中で、錯覚資産という卑怯な武器で殴り合う、油断のならないジャングルなのだ。

リアルの戦いで勝ちにいくつもりなら、
そろそろ夢から覚めるべき頃合いだ。

ほとんどの人は、成功と失敗を決める要因は、こうだと信じて疑わない。

運
実力

なんだかんだ言って、優秀な奴は成功するし、無能な奴は失敗する。
そう思っている。

実際、これで、ほとんどの現象は、説明がつくように見える。
記憶の書きかえが起こるからだ。

しかし、それは、ほとんどの天体の動きが、天動説で説明がつくのと、同じことだ。

ほとんどの人は、実力を中心に、世界が回っていると思っている。

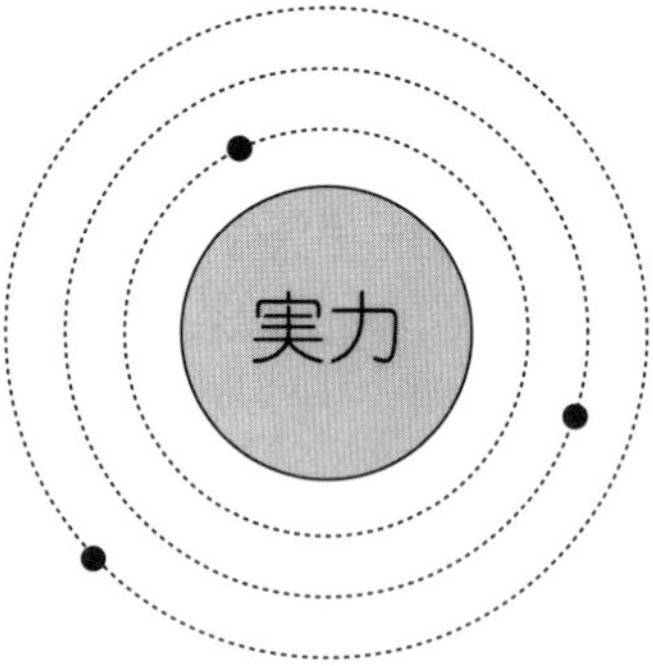

それでほとんどの現象は説明できるから、
その宇宙観が正しいのだろうって、みんな思っている。

観測技術が発達し、天体の動きを、より高精度に観察できるようになると、天動説では
いろいろ説明しにくいことが出てくるようになった。
それによって、一部の人は、「本当は、動いているのは大地のほうなんじゃないか」って考えを抱くようになった。
地動説の時代だ。

同様に、
実験などによって、人間の行動を、精緻に観察し、分析するようになると、
実力中心の宇宙観では、説明のできないことが増えてくる。

実力中心宇宙では、
政治家は、政治能力によって選ばれるはずだし、

面接では、実力のある人間が採用されるはずだし、人事評価では、実力のある人間が昇進させられるはずだ。

しかし、実際にはそうでないということを示唆する証拠がぞろぞろ出てきた。

人々の無意識は、意識が知らないところで、どんどん我々の記憶を書きかえているという証拠が出てきた。

相手のプラス属性を見ると、その人の実力評価が書きかわる。

誰かが成功すると、「その人は昔から優秀だった」と、過去の記憶が書きかわる。

その人に好感を持つと、その人のなにもかもがよくて、悪いところなんてほとんどないって記憶に書きかわる。

失敗すると、なんでも悪いほうに解釈され、ダメな奴はなにをやってもダメということにされてしまう。

こんな状態では、実力によって政治家を評価するのは難しいし、

実力によって採用するかどうかを決めるのも難しいし、
実力によって昇進させるかどうかを決めるのも難しくなる。

実際には、実力によって決まる割合が、もっとずっと小さいものだってことが、わかってきたのだ。

我々は、「実は、動いているのは、大地のほうなんじゃないか」ってことに気がつき始めたのだ。

成功と失敗を決める要因は、こうなんじゃないかってことに。

運
錯覚資産
実力

地動説の時代がやってきたのだ。

この新しい宇宙観では、
実力と錯覚資産と運が、複雑に絡み合って、成功と失敗が決まる。

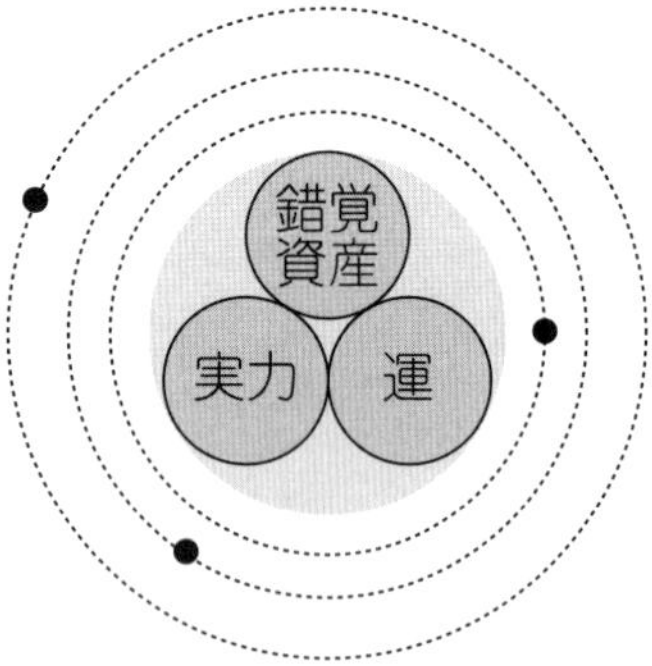

太陽は東から昇って、西に沈む。
実際には地球が回っているのだが、太陽が昇ったり沈んだりすると考えたほうが、ずっと直感的に、理解しやすい。
天動説って、すごく直感的なのだ。

それに対して、地動説というのは、直感的にわかりにくい。
大地が動いたら、我々は振り落とされてしまわないだろうか。
そんなこと、ありえないんじゃないか。
直感的に間違ってる気がする。

それと同じように、「錯覚資産－運－実力」の宇宙観も、直感に反する。
いや、地動説よりも、はるかに直感に反する。
量子の概念が直感に反するのと同じくらい、直感に反する。

なぜなら、この新しい宇宙観は、認知バイアスを組み入れたものだからだ。

人間のすべての信念は、「直感的に正しいと思えること」という土台の上に成り立っている。
どんなに理路整然とした信念でも、その根っこの部分は「直感的に正しいと思えること」に依拠しているのだ。

「直感的に正しいと思えること」抜きには、あらゆる信念が成り立たないのだ。

認知バイアスのやっかいなところは、すべての信念の土台である「直感」をゆがませることだ。

直感は、「直感は正しい」と思っている。

だから、「直感は正しくない」といくら説明しても、「それは直感的に間違っている」と直感は感じるのだ。

「認知バイアスが直感をゆがませている」といくら説明しても、直感は、「直感はゆがんでいない」と感じるのだ。

だから、本書を読んでいない人は、「この新しい宇宙観は、直感的に間違っている」と思うだろう。

そして、実力中心という天動説に従って生き続けるのだ。

なぜなら、人間は「直感的に正しいと思える間違ったこと」を正しいと信じる生き物だからだ。

それは絶望と同時に、
ある種の希望を、あなたにもたらしてくれる。

なぜなら、あなたを含め、ごく少数の人間だけが、地動説に基づいて、他者よりも有利な行動ができるようになるからだ。

「実力中心」の世界観で生きる人間より、
「錯覚資産－運－実力」の世界観で生きる人間のほうが、
圧倒的に強い。

なぜなら、**「実力中心」モデルは、端的に、間違っている**からだ。
「錯覚資産－運－実力」モデルのほうが、はるかに現実に近いからだ。
実世界の戦いでは、現実が見えているほうが勝つのは、当たり前なのだ。

中二病っぽい言い方をすれば、
あなたは、ある種の力を手に入れたのだ。

あなたには、普通の人に見えないものが、見えるようになった。
世界を形作る錯覚の骨格が見えるようになったのだ。

あなたが今後、錯覚への注意を怠らなければ、

人々が錯覚に騙されて搾取されているときも、
あなただけは騙されず、搾取をまぬかれることができるだろう。

あなたは、今や、自分の紡ぎ出す言葉に、力を宿す方法を知った。
自分の言葉に力を与える錯覚の魔法を知ったからだ。

人々が不運を嘆きながら停滞している間も、
あなただけは、手堅く運を運用し、
錯覚資産を雪だるま式に増やしていく術を知っている。

あなたが、さまざまな幸運をつかむようになっても、
人々は、なぜ、あなたが突然、幸運に恵まれるようになったのか、
不思議にさえ思わないだろう。

錯覚資産も運の運用も理解していない者たちには、

なにがあなたに幸運をもたらしているか、理解できないからだ。

あなたは、今や、人間が錯覚に酔って、正常な判断ができなくなっているということを知った。

人間は、酔ったまま生まれ、酔ったまま育ち、酔ったまま恋をし、酔ったまま子をなし、酔ったまま育て、そして酔ったまま死んでいく。

彼らの多くは、めったにしらふにならない。

この本を読むのは、せいぜい10万人だろう。

1億人の中の10万人。

千人に1人だ。

あなたの周囲は、世界が錯覚でできていることを知らぬまま生きる人間の群れで満たされることになる。

だから、あなたは孤独になるだろう。

酔った人間の群れの中で、あなただけがしらふなのだ。
狂気の人間の群れの中で、あなただけが正気なのだ。
目をつむった人間の群れの中で、あなただけが目を開けているのだ。
夢を見ている人間の群れの中で、あなただけが覚醒しているのだ。

これ以上の孤独があるだろうか。

狂気の人間に対して、「あなたは狂っている」と言っても、通じないだろう。
狂っている人間は、自分が狂っているとは思っていないからだ。
夢の中にいる人間は、自分が夢を見ていることに、気がつかないからだ。

たとえ彼らに本書を読むように勧めても、
彼らは、本書を読む必要性を感じないだろう。

真に読む価値のある本は、
読者に、新しい世界認識をもたらしてくれる装置になっている。
その本を読む意味と価値は、その新しい世界認識の空間内部で、
初めて作り出される。

したがって、その本を読む意味と価値は、その本を読んだ人間にしか、理解できないのである。

本書は、そのような本になることを目指して書かれたものである。
それが成功しているかどうかは、読者に判断をゆだねるしかない。

この本は、どのような本だと説明すれば、
相手に理解してもらえるだろうか？

本書は、単なる認知心理学の知識の寄せ集めではない。

人生の重要な選択や、組織内の人間関係・利害関係・意思決定において、さまざまな認知バイアスが、具体的にどのような意味を持つかを抉《えぐ》り出し、それを駆使して人生を切り開く方法を書いた、ビジネス書のようであり、自己啓発書のようであり、成功法のようであり、ライフハックのようであるが、そのどれでもない「実用書」だ。

本書は、単なるビジネス書や自己啓発書ではない。

むしろ、それらとは真逆の本だ。

数多のビジネス書や自己啓発書の中に潜む思考の錯覚と欺瞞を抉り出し、それを告発する本である。

本書は、単に欺瞞を告発するだけの評論家の本でもない。

読者の日常の意思決定シーンで、

具体的に役に立つように書かれた、「実用書」である。

人々は、本書が「よい本」である理由も、「悪い本」である理由も、語ることができない。

よい本か悪い本かを判定する、評価基準そのものが、この本の中で作り出されているからだ。

思考の錯覚の意味と価値を実感していない人には、思考の錯覚を取り除いて判断することの価値を評価することは困難だろう。

本書は、知識や情報を伝える本ではない。

本書は、ある特殊な体験をするための装置なのだ。

その体験は、よくも悪くも、人間を変質させてしまう。

この本を読んだ人間は、ある種の異能者になってしまうのだ。

私は、その異能が、読者の人生を豊かにすることを願って、この本を書いた。

あなたが、納得のいく人生を送るために、本書がわずかでもお役に立てたなら、私にとって、望外の喜びである。

P.S.

筆者（ふろむだ）の書籍・記事等の情報は、ツイッターアカウント @fromdusktildawn で告知している。よろしければ、フォローしていただけると、うれしい。

ふろむだ

@fromdusktildawn

Special Thanks

原稿のレビュー

起業家の石井遼介さん、漫画家の円茂竹縄さん、
ゲームプロデューサーのたにみちさん、koo さん、
その他、原稿を読んでくださったみなさん

イラスト

ヤギ ワタルさん

ブックデザイン

杉山健太郎さん

DTP・作図

一企画さん

出版社

編集の横田大樹さん
営業・宣伝・経理・電子書籍の製作、
その他さまざまな形で助けてくださったダイヤモンド社のみなさん

流通

本を手配し、運んでくださったみなさん

書店

本をわかりやすく並べ、管理し、
売ってくださった書店のみなさん

注　記

注1

元の論文そのままだとわかりにくいので、認知バイアスの本質の理解を損ねない範囲で、わかりやすくなるように話を多少加工してある。この後、本書に出てくる研究論文は、すべて同様の「加工」をされていることに注意されたい。

また、「そもそも、心理学における研究には、再現性が低いものもたくさん含まれているので、心理学研究自体が信用ならない」と思われる向きもあろう。そこで本書では、主に、ハロー効果のように多くの研究でその存在が確認され、安定感のある、定番の認知バイアスを中心に話を展開している。

注2

実際に脳の中に、意識と無意識が、このような形で存在するわけではない。また、「無意識が評価値を書き換えている」という説明も、必ずしも正確に実態を反映したものではない。

しかし、認知バイアスという複雑でわかりにくい現象を、このようなものとして捉えることで、ぐっと直感的に理解できるようになる。それによって、より多くの人が、認知バイアスを把握し、使いこなせるようにすることが、本書の狙いである。つまり、この「解釈」は、多くの人が簡単に認知バイアスを使いこなすためのツールなのである。本書で出てくる説明の多くは、これと同様のものであることに注意されたい。

(2003): 1338-39.

• **P. 205**

Amos Tversky, Daniel Kahneman “Judgment under Uncertainty: Heuristics and Biases” Science 27 Sep 1974:Vol. 185, Issue 4157, 1124-1131

• **P. 238**

Festinger, Leon,Carlsmith, James M. “ Cognitive consequences of forced compliance.” Journal of Abnormal and Social Psychology, Vol 58(2), Mar 1959, 203-210.

• **P. 263**

Lyle A. Brenner, Derek J. Koehler, and Amos Tversky, “ On the Evaluation of One-Sided Evidence,” Journal of Behavioral Decision Making 9 (1996): 59-70.

• **P. 282**

Paul Slovic, Melissa Finucane, Ellen Peters, and Donald G. MacGregor, “The Affect Heuristic,” in Thomas Gilovich, Dale Griffin, and Daniel Kahneman, eds., Heuristics and Biases (New York: Cambridge University Press, 2002),397-420.

Paul Slovic, Melissa Finucane, Ellen Peters, and Donald G. MacGregor, “Risk as Analysis and Risk as Feelings: Some Thoughts About Affect, Reason, Risk, and Rationality,” Risk Analysis 24 (2004): 1-12.

Paul Slovic, “Trust, Emotion, Sex, Politics, and Science: Surveying the Risk-Assessment Battlefield,” Risk Analysis 19 (1999): 689-701.

参考文献

• P.1

Efran, M.G., & Patterson, E.W.J. (1976). The politics of appearance. Unpublished manuscript, University of Toronto.

• P.8

Walczak, Lee, Richard S. Dunham, and Mike McNamee, "Selling the Ownership Society," Business Week, September 6-13, 2004, based on data from Pew Research Center for the People & the Press.

• P.104

Baruch Fischhoff and Ruth Beyth, "I Knew It Would Happen:Remembered Probabilities of Once —— Future Things," Organizational Behavior and Human Performance 13 (1975): 1-16.

• P. 109

Kim A. Kamin and Jeffrey J. Rachlinski, "Ex Post ≠ Ex Ante: Determining Liability in Hindsight" Law and Human Behavior 19 (1995): 89-104.

Jeffrey J. Rachlinski, "A Positive Psychological Theory of Judging in Hindsight" University of Chicago Law Review 65 (1998): 571-625.

• P. 122

ダニエル・ギルバート著 熊谷淳子訳『明日の幸せを科学する』（ハヤカワ文庫）P.51

• P. 138

ダニエル・カーネマン著 村井章子訳『ファスト＆スロー』（ハヤカワ文庫）上巻 P.152

• P. 164

Eric J. Johnson and Daniel Goldstein, "Do Defaults Save Lives?" Science 302

[著者]
ふろむだ（fromdusktildawn）
のべ数百万人に読まれたブログの著者。多様な業務経験を活かして、主に仕事論などの記事で人気を博す。リアルでは複数の企業を創業し、そのうち1社は上場を果たす。ポストとしては、平社員、上司、上司の上司、上司の上司の上司、取締役、副社長、社長を経験。業務としては、プログラミング、設計、仕様定義、企画、マーケティング、採用などを経験。本書は初めての著書となる。

・ブログ「分裂勘違い君劇場」
https://www.furomuda.com/

・ツイッター
https://twitter.com/fromdusktildawn

人生は、運よりも実力よりも「勘違いさせる力」で決まっている

2018年8月8日　第1刷発行
2025年4月14日　第6刷発行

著　者――――ふろむだ
発行所――――ダイヤモンド社
〒150-8409　東京都渋谷区神宮前6-12-17
https://www.diamond.co.jp/
電話／03･5778･7233（編集）　03･5778･7240（販売）

カバー・本文イラスト――ヤギワタル
ブックデザイン――杉山健太郎
校　正――――鷗来堂
本文DTP――――一企画
製作進行――――ダイヤモンド・グラフィック社
印　刷――――三松堂
製　本――――ブックアート
編集担当――――横田大樹

ISBN 978-4-478-10634-1